Karriere-Dossier

Richter / Staatsanwalt werden – Die Bewerbung für den Staatsdienst

Karriere-Dossier

Richter / Staatsanwalt werden –
Die Bewerbung für den Staatsdienst

von

Dr. Michael Berkemeyer

2. Auflage

ReferendarFachVerlag 2022

https://www.referendarfachverlag.de

Meinard-Fortmann-Str. 50
49377 Vechta

ISBN 978-3-946823-32-2

Vorwort

Für die 2. Auflage des Buchs haben wir alle Daten und Fakten auf den neuesten Stand gebracht sowie bestehende Kapitel inhaltlich ergänzt.

Wir haben in der Vergangenheit viele Anfragen erhalten, ob es nicht auch ein einheitliches Karriere-Dossier zur Richtereinstellung gibt, das auf die Einstellungsvoraussetzungen in den Justizdienst aller Bundesländer eingeht. Denn viele Juristen sind sich anfangs noch gar nicht im Klaren darüber, in welchem Bundesland bzw. in welchen Bundesländern sie sich als Proberichter bewerben möchten. Aus diesem Grund haben wir uns dazu entschlossen, ab der 2. Auflage nur noch ein Karriere-Dossier zu publizieren, das allgemein über die Bewerbung und Einstellung als Richter auf Probe informiert und nur punktuell die länderbezogenen Besonderheiten aufgreift. Auch die enorm gestiegenen Papier- und Druckkosten haben dazu geführt, dass es wirtschaftlich nicht mehr tragbar ist, für alle Bundesländer unterschiedliche Bücher drucken zu lassen.

Wer dennoch ein auf ein spezielles Bundesland zugeschnittenes Karriere-Dossier erwerben möchten, kann auf die E-Books zurückgreifen, die auch zukünftig in 16 verschiedenen Versionen bundeslandbezogen über die Einstellung in den Justizdienst informieren.

Vechta, im Juli 2022

Vorwort zur 1. Auflage (Auszug)

Für viele Studenten und Referendare ist es das Ziel schlechthin: Den Sprung in den Justizdienst zu schaffen und als Richter oder Staatsanwalt zu arbeiten.

Der Weg dahin ist ohne Zweifel schwierig. Nicht nur muss man sowohl das Jurastudium als auch den juristischen Vorbereitungsdienst erfolgreich abschließen. Man benötigt auch entsprechend gute Examensergebnisse, um sich überhaupt für den Staatsdienst bewerben zu können, zu einem Bewerbungsgespräch eingeladen und schließlich als Richter auf Probe eingestellt zu werden.

Ziel des Buchs ist es, umfassend über die Voraussetzungen für die Bewerbung als Richter bzw. Staatsanwalt, das Bewerbungsverfahren sowie das Auswahlgespräch für den Justizdienst zu informieren. Juristen sollen sich so einen detaillierten Eindruck verschaffen können, ob ihre Examensergebnisse gut genug sind, um sich als Richter auf Probe bewerben zu können. Darüber hinaus soll das Buch hilfreiche Tipps und Hinweise für eine erfolgreiche Bewerbung vermitteln und den Bewerber optimal auf das alles entscheidende Gespräch vor der Auswahlkommission vorbereiten.

Wir freuen uns über positives Feedback genauso wie über kritische Anmerkungen zum Buch, die man uns gerne schnell und unkompliziert per E-Mail an richter-staatsanwalt-werden@referendarfachverlag.de zukommen lassen kann.

Die Informationen im Buch haben wir mit großer Sorgfalt zusammengetragen. Sollten Sie als Leser dennoch einen Fehler entdecken, sind wir Ihnen dankbar, wenn Sie uns einen Hinweis an die genannte E-Mail-Adresse senden. Gleiches gilt für Informationen, die Sie sich in dem Buch gewünscht hätten, die aber bislang noch nicht oder nicht ausführlich genug enthalten sind.

Vechta, im August 2019

Inhaltsverzeichnis

Literatur- und Quellenverzeichnis

Monographien

Heghmanns, Michael / Herrmann, Gunnar	Das Arbeitsgebiet des Staatsanwalts, 6. Auflage 2021
Kopp, Ferdinand O. / Schenke, Wolf-Rüdiger	Verwaltungsgerichtsordnung: VwGO, 27. Auflage 2021
Meyer-Goßner, Lutz / Schmitt, Bertram	Strafprozessordnung: StPO, 65. Auflage 2022
Schmidt-Räntsch, Günther	Deutsches Richtergesetz, 6. Auflage 2009

Aufsätze

Beining, Sebastian	Die Weisung an den Staatsanwalt, ZJS 2015, S. 546 ff.
Dylla-Krebs, Corinna	Befähigung zum Richteramt, BRJ Sonderausgabe 01/2016, S. 1 ff.
Kaufmann, Stefan	„Hyperbolic Discounting" und die Altersstruktur, DRiZ 2015, S. 350 ff.
Kind, Carolin / Geis, Ralf	Flexible Ruhestandsregelungen nicht überall, aber immer öfter, DRiZ 2018, S. 48 ff.
Rebehn, Sven	Mehr Verstöße gegen das Beschleunigungsgebot, DRiZ 2019, S. 118
Rebehn, Sven	Großkanzleien und Unternehmen enteilen der Justiz, DRiZ 2018, S. 1 ff.

Rebehn, Sven	Nur Bayern überprüft neue Richter bisher beim Verfassungsschutz, DRiZ 2016, S. 402 f.
Rebehn, Sven	Höchste Zeit für Reformen, DRiZ 2015, S. 286 f.
Rebehn, Sven	Das große Rechnen, DRiZ 2015, S. 198 f.
Saam, Daniel	Regelabfrage gegen Extremisten - Contra, DRiZ 2018, S. 287
Trentmann, Christian	Der politische Staatsanwalt?, ZIS 2016, S. 130 ff.
Wettich, Götz / Endler, Klaas	Richter – wo bist Du? in: Peter Götz von Olenhusen (Hrsg.), 300 Jahre Oberlandesgericht Celle, S. 661 ff.
Venohr, Claudia	Show of force zwischen Berlin und Karlsruhe, DRiZ 2015, S. 302

Abkürzungsverzeichnis

Abs.	Absatz
AGG	Allgemeines Gleichbehandlungsgesetz
AGGVG	Gesetz zur Ausführung des Gerichtsverfassungsgesetzes und von Verfahrensgesetzen der ordentlichen Gerichtsbarkeit
ALVO	Allgemeine Laufbahnverordnung
APOAA	Verordnung über die Ausbildung und Prüfung für die Laufbahn des Amtsanwaltsdienstes
ArbGG	Arbeitsgerichtsgesetz
Art.	Artikel
AV	Allgemeine Verfügung
BAföG	Bundesausbildungsförderungsgesetz
BAG	Bundesarbeitsgericht
BayBG	Bayerisches Beamtengesetz
BBesG	Bundesbesoldungsgesetz
BBG	Bundesbeamtengesetz
BeamtStG	Gesetz zur Regelung des Statusrechts der Beamtinnen und Beamten in den Ländern
BNotO	Bundesnotarordnung
BRAO	Bundesrechtsanwaltsordnung
BRJ	Bonner Rechtsjournal
BVerfG	Bundesverfassungsgericht
BVerfGE	Entscheidungssammlung zum Bundesverfassungsgericht

BVerfGG	Bundesverfassungsgerichtsgesetz
BVerwG	Bundesverwaltungsgericht
DAV	Deutscher Anwaltverein
DÖV	Die Öffentliche Verwaltung (Zeitschrift)
DPA	Deutsche Presseagentur
DRB	Deutscher Richterbund
DRiG	Deutsches Richtergesetz
DRiZ	Deutsche Richterzeitung
DVBl	Deutsches Verwaltungsblatt
EMRK	Europäische Menschenrechtskonvention
EuGH	Europäischer Gerichtshof
f.	folgende
ff.	fortfolgende
FG	Finanzgericht
FH	Fachhochschule
GG	Grundgesetz
GStA	Generalstaatsanwaltschaft
GVG	Gerichtsverfassungsgesetz
HLV	Hessische Laufbahnverordnung
HmbLVO	Hamburgische Laufbahnverordnung
Hrsg.	Herausgeber
JAG	Juristenausbildungsgesetz
JMBl.	Justizministerialblatt

LAG	Landesarbeitsgericht
LBesG	Landesbesoldungsgesetz
LBG	Landesbeamtengesetz
LG	Landgericht
LHO	Landeshaushaltsordnung
LRiStAG	Landesrichter- und Staatsanwältegesetz
MiStra	Anordnung über Mitteilungen in Strafsachen
m.w.N.	mit weiteren Nennungen
NBG	Niedersächsisches Beamtengesetz
NRV	Neue Richtervereinigung
NVwZ	Neue Zeitschrift für Verwaltungsrecht
OLG	Oberlandesgericht
OVG	Oberverwaltungsgericht
rista	Richter und Staatsanwalt in NRW (Magazin)
RiStBV	Richtlinien für das Strafverfahren und das Bußgeldverfahren
Rn.	Randnummer
RND	Redaktionsnetzwerk Deutschland
SächsBG	Sächsisches Beamtengesetz
SBG	Saarländisches Beamtengesetz
SGB	Sozialgesetzbuch
StGB	Strafgesetzbuch
StPO	Strafprozessordnung
VerwGH	Verwaltungsgerichtshof

vgl.	vergleiche
VO	Verordnung
VwGO	Verwaltungsgerichtsordnung
ZIS	Zeitschrift für Internationale Strafrechtsdogmatik
ZJS	Zeitschrift für das Juristische Studium

Einleitung

» Aktuelle Einstellungs- und Personalbedarfssituation bei Richtern und Staatsanwälten

In den vergangenen 20 Jahren gab es wahrscheinlich **nie bessere Chancen für Juristen**, den Einstieg als Richter auf Probe oder Staatsanwalt zu schaffen. Gab es vor nicht allzu langer Zeit eher eine „Juristenschwemme", hat sich der Arbeitsmarkt in den letzten Jahren komplett gewandelt hin zu einem „Arbeitnehmer-Markt". Daher bestimmen inzwischen folgende Schlagzeilen die aktuelle Einstellungs- und **Personalbedarfssituation an den Gerichten** in allen Bundesländern:

Richterbund warnt

In NRW fehlen tausend Richter und Staatsanwälte

Westfälischer Anzeiger

Personalnot führt zu Überlastung der Justiz

Bei Hamburgs Staatsanwälten bleiben Akten liegen

Hamburger Abendblatt

"Die derzeitige Situation sei prekär"

In Rheinland-Pfalz fehlen 40 Richter und 20 Staatsanwälte

DPA

Der akute Personalmangel bei den Gerichten und Staatsanwaltschaften rückt seit vielen Wochen und Monaten immer mehr in den Fokus der Berichterstattung sowohl der **regionalen und überregionalen Tageszeitungen** als auch der **juristischen Fachmedien**. Insbesondere der Deutsche Richterbund bzw. dessen Landesverbände werden dabei ihrer Aufgabe als Interessenvertreter der Richterschaft gerecht und schaffen es, durch Pressemitteilungen das Thema **Personalnotstand und Überlastung der Gerichte** regelmäßig auf das tagespolitische Tableau und in die Zeitungen zu bringen.

Anlass für die zunehmende Berichterstattung sind auch **medienwirksame Fälle**, nach denen Straftäter aus der Untersuchungshaft entlassen werden mussten, weil es zu einer Verfahrensverzögerung – mutmaßlich wegen der Überlastung der zuständigen Staatsanwälte und Richter – kam.* Darüber hinaus haben aktuelle **rechtspolitische Diskussionen** ihren Ursprung in der problematischen Personalsituation der Justiz. So wird beispielsweise diskutiert, ob zu viele Verfahren in Deutschland von den Staatsanwaltschaften eingestellt werden, statt die Taten per Strafbefehl oder Anklage zu verfolgen.

Hohe Einstellungsquote der Verfahren

Im Jahr 2020 endeten lediglich 19,2 % aller Ermittlungsverfahren mit Anklage beziehungsweise Strafbefehlsantrag; knapp ein Drittel aller

* Nach § 121 Abs. 1 StPO darf die U-Haft bis zu einem ersten Urteil in der Regel nur sechs Monate betragen; für eine längere Untersuchungshaft müssen besondere Gründe, die zum Beispiel im besonderen Umfang der Ermittlung liegen können, gegeben sein – vgl. *Meyer-Goßner/Schmitt*, § 121, Rn. 1b. Laut Recherchen der Deutschen Richterzeitung sind zB im Jahr 2018 mindestens 65 Tatverdächtige aus der U-Haft entlassen worden, weil deren Strafverfahren zu lange dauerten – vgl. *Rebehn*, DRiZ 2019, S. 118.

Verfahren wurden dagegen mit Auflage (3,2 %) oder ohne Auflage (24,3 %) eingestellt.*

Zudem wird von vom Bundesjustizministerium erwogen, das Schwarzfahren, welches strafrechtlich als ein **Erschleichen der Leistung gemäß *§ 265a StGB*** zu bewerten ist, straflos zu stellen und nur noch als Ordnungswidrigkeit zu ahnden. Auch dieser Reformvorschlag fußt unter anderem auf dem Personalnotstand in der Deutschen Justiz und soll insbesondere die Staatsanwaltschaften entlasten.

Neueinstellungen aufgrund der Überalterung der Justiz

Allein das Problem der **akuten Überlastung der Gerichte**, das von den meisten Entscheidungsträgern inzwischen erkannt und anerkannt wurde, führt schon dazu, dass zukünftig wieder vermehrt Juristen in den Staatsdienst eingestellt werden. Und die **Zahl der Neueinstellungen** wird in den nächsten Jahren aller Voraussicht nach noch weiter zunehmen: Denn die aktuell als Richter oder Staatsanwalt tätigen Juristen weisen eine derartige Altersstruktur auf, dass man von einer **Überalterung der Justiz** sprechen muss. In den nächsten zehn Jahren werden je nach Bundesland zwischen knapp 30 % und 70 % aller Richter und Staatsanwälte in den Ruhestand gehen.

Gerade den ostdeutschen Bundesländern droht eine riesige **Pensionierungswelle**. Grund hierfür sind die vielen Neueinstellungen, die nach der Wiedervereinigung erfolgten, um in diesen Ländern die Justiz neu aufzubauen.

* Vgl. hierzu die Pressemitteilung des Statistischen Bundesamtes Nr. 408 vom 30.08.2021.

Neuaufbau der Justiz in den ostdeutschen Bundesländern

In der DDR waren lediglich 1.300 Richter tätig. Nach der Wiedervereinigung wurden weniger als 500 dieser Richter übernommen. Es mussten also allein ca. 800 junge Juristen eingestellt werden, um die bereits bestehenden Richterstellen zu besetzen. Darüber hinaus wurden Anfang der 90er Jahre noch viele weitere Neueinstellungen vorgenommen, um eine funktionierende Justiz in den neuen Ländern zu gewährleisten. Inzwischen arbeiten ca. 5.000 Justizjuristen in den ostdeutschen Ländern.*

Viele der Richter und Staatsanwälte, die Anfang der 90er Jahre als Berufsanfänger eingestellt wurden, sind heute knapp 60 Jahre alt und erreichen somit **in den nächsten Jahren die gesetzliche Altersgrenze**.

Allein die aus Altersgründen aus dem Dienst scheidenden Juristen zu ersetzen, bedeutet eine **große Kraftanstrengung für die Länder**. Dies gilt zB auch für Nordrhein-Westfalen: Bis zum Jahr 2031 werden in NRW kumuliert **1.427 Richter und Staatsanwälte** die gesetzliche Altersgrenze erreichen und pensioniert.**

Die stetig wachsende Anzahl an Pensionierungen wird dabei bereits jetzt zu mehr Einstellungen in den Justizdienst führen. Denn die Länder sind sich bewusst, dass sie der Pensionierungswelle – mangels ausreichend qualifizierter Bewerber pro Jahr – durch **vorgezogene Neueinstellungen** begegnen müssen.

* Vgl. *Kaufmann*, DRiZ 2015, S. 350.

** Quelle der Daten: Deutscher Richterbund (Hrsg.), „Die personelle Zukunftsfähigkeit der Justiz in der Bundesrepublik Deutschland", S. 53 (Stichtag der Datenerhebung: 31.12.2015).

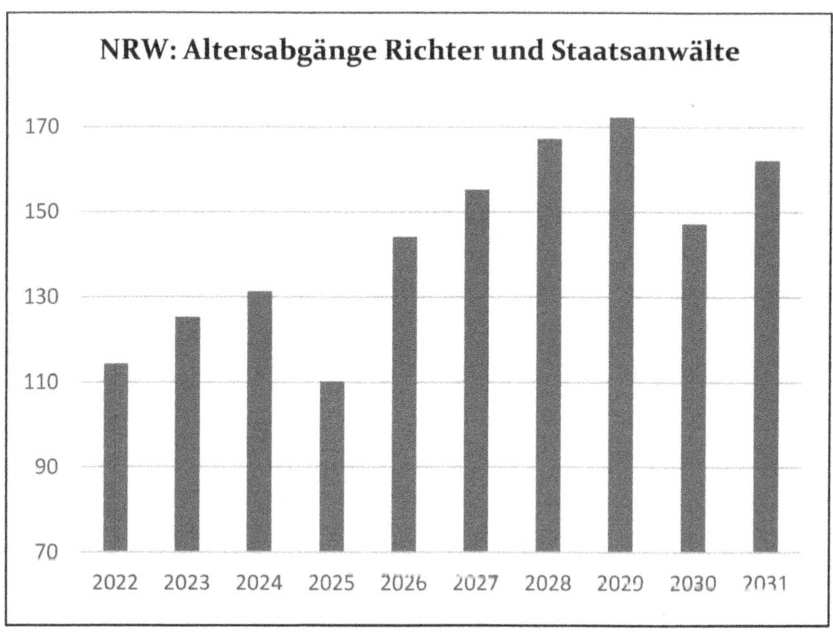

Grundsätzlich höherer Personalbedarf der Justiz

Nicht nur müssen viele Richter und Staatsanwälte ersetzt werden. Es besteht grundsätzlich ein erhöhter Personalbedarf an den Gerichten. Grund hierfür ist zum einen die **fortschreitende Verrechtlichung der Gesellschaft**. Als Beispiele hierfür sind die Ausweitung des Verbraucherschutzrechts (zB durch die Einführung der „Mietpreisbremse") sowie das erweiterte Datenschutzrecht zu nennen. Allein das Gesetz zur Bekämpfung von **Hassnachrichten im Netz** soll laut Bundeskriminalamt zu 150.000 Strafverfahren im Jahr führen.*

* RND, Hass im Netz: BKA rechnet mit 150.000 Strafverfahren pro Jahr, 11.01.2022, https://www.rnd.de/politik/internet-strafbare-inhalte-bka-rechnet-mit-150-000-verfahren-pro-jahr-STYQR7G3BVBBPKK4VRTZOLNO5Y.html

Zum anderen steigt der Personalbedarf an den Gerichten und den Staatsanwaltschaften, weil die zu ermittelnden und zu verhandelnden **Verfahren immer komplexer werden**. Gerade in Bereichen wie dem Wirtschaftsstrafrecht (zB Cum-ex-Geschäfte, Wirecard), der Internetkriminalität (zB Straftaten mit Auslandsbezug bzw. im „Darknet") oder im Rahmen komplexer Staatsschutzverfahren (zB NSU) bedarf es immer mehr Richter und Staatsanwälte, um diese Verfahren in einem **zeitlich angemessenen Rahmen** abzuschließen.

Fortschreitende Spezialisierung der Richterschaft

Weitere Folge der Verrechtlichung ist im Übrigen eine zunehmende Spezialisierung der Juristen. Auf der Seite der Rechtsanwälte wird dieser Trend zur Spezialisierung deutlich, wenn man sich allein die Anzahl der Fachanwaltschaften anschaut. Derzeit gibt es 24 Spezialisierungen nach der Fachanwaltsordnung; zuletzt ist die Fachanwaltschaft für das Sportrecht eingeführt worden.

Auf diese Spezialisierung der Rechtsanwälte müssen auch die Gerichte reagieren. Genau aus diesem Grund werden nach den neu eingefügten *§§ 72a, 119a GVG* verpflichtend Spezialkammern bei den Landgerichten bzw. Spezialsenate bei den Oberlandesgerichten gebildet – so zum Beispiel für Streitigkeiten aus Versicherungsvertragsverhältnissen, für erbrechtliche Streitigkeiten sowie insolvenzrechtliche Streitigkeiten.

Schließlich gibt es vermehrt **Massenverfahren**, die viel Personal binden. So gab es eine Phase mit sehr vielen Klagen gegen Hartz IV - Bescheide, die dazu führten, dass vermehrt junge Juristen als Richter auf Probe an den Sozialgerichten eingestellt wurden. Seit spätestens 2017 gab es außergewöhnlich viele Klagen vor den Verwaltungsgerichten gegen Asylbescheide, die die Länder dazu zwangen, auch für die Verwaltungsgerichte **mehr Richter einzustellen**. Und in den letzten Jahren kämpften viele Landgerichte und Oberlandesgerichte mit Klagen im VW-Abgasskandal, die ebenfalls viel Personal gebunden haben und – aufgrund gestiegener Eingangszahlen bei den Gerichten – Neueinstellungen nach sich zogen.

Weniger (qualifizierte) Bewerber

Diesem erhöhten Personalbedarf stehen **immer weniger Bewerber** für die Tätigkeit als Richter oder Staatsanwalt gegenüber. Neueinstellungen in der Justiz erfolgen in aller Regel aus dem Kreis der Juristen, die gerade **das 2. Staatsexamen abgeschlossen** haben. Quereinsteiger – insbesondere aus der Anwaltschaft – bewerben sich dagegen vergleichsweise selten für den Staatsdienst.*

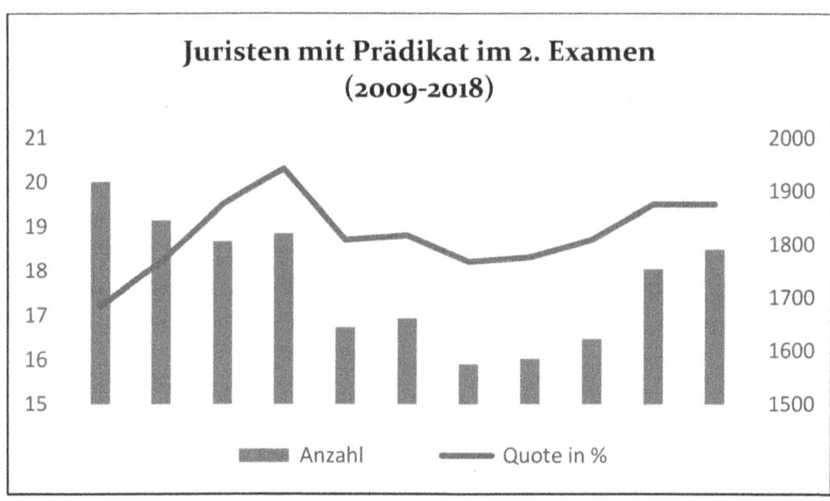

Die **Zahl der Volljuristen**, die nach dem 2. Staatsexamen auf den Arbeitsmarkt kommen, geht aber tendenziell zurück. Waren es im Jahr 2001 noch 10.697 Absolventen, schlossen **im Jahr 2018 nur noch 8.034 Juristen** das

* Deutscher Richterbund (Hrsg.), „Die personelle Zukunftsfähigkeit der Justiz in der Bundesrepublik Deutschland“, S. 10.

2. Staatsexamen erfolgreich ab. Dies entspricht einem Rückgang von knapp 25 %.*

Auch die **Zahl der Prädikatsjuristen** – also der Juristen, die das 2. Staatsexamen mit 9 Punkten oder besser abgeschlossen haben und somit prädestinierte Kandidaten für den Richterdienst sind – ist in den letzten Jahren gesunken. Auch wenn die prozentuale Quote der **Volljuristen mit 9 Punkten oder besser** seit Jahren relativ konstant bei ca. 19 % liegt, ist gerade wegen der geringeren Anzahl an Absolventen die nominale Zahl der Prädikatsjuristen **im Vergleich zu früheren Jahren eher rückläufig**.

Geringere Vergütung als in der freien Wirtschaft

Die Länder stehen vor allem mit den großen Wirtschaftskanzleien in einem Wettbewerb, um diese Juristen mit Top-Noten für sich zu gewinnen. Wichtige Entscheidungskriterien wie **Work-Life-Balance und Familienfreundlichkeit** sind in der heutigen Zeit keine Alleinstellungsmerkmale des Staates mehr, nachdem auch die Großkanzleien die Wünsche der „neuen Juristengeneration" erkannt und alternative Arbeitszeitmodelle eingeführt haben. Aber gerade **was das Gehalt angeht**, sind die Länder als Arbeitgeber nicht mehr konkurrenzfähig.

Auch wenn man die **nominalen Gehälter** im Staatsdienst und in der freien Wirtschaft nicht ohne weiteres miteinander vergleichen kann, da zum Beispiel Richter und Staatsanwälte hinsichtlich der Krankenkosten **beihilfeberechtigt sind** und da man in den großen Kanzleien für sein Gehalt sicherlich noch immer mehr Stunden am Tag arbeiten muss als bei Gericht, zeigen die Zahlen deutlich, dass es für die Prädikatsjuristen

* Die Statistiken über die Juristenausbildung werden jährlich auf der Internetseite des Bundesamts für Justiz veröffentlicht.

letztlich weniger lukrativ ist, als Richter oder Staatsanwalt nach der R-Besoldung* zu arbeiten statt als Anwalt in der freien Wirtschaft. Laut einer Studie der Kienbaum Consultants International GmbH verdienten Richter auf Probe **bereits 2018 ca. 70.000 € weniger** als Berufseinsteiger in den Großkanzleien.**

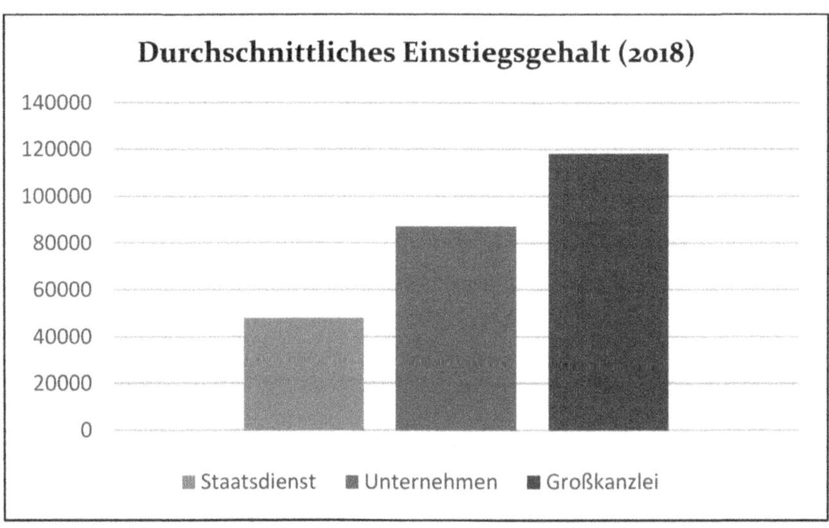

Und diese Gehaltsschere ist in den vergangenen Jahren noch weiter auseinandergegangen: Während es **nur überschaubare Erhöhungen der Richterbesoldung** gab, haben Großkanzleien das Einstiegsgehalt von Spitzenjuristen Anfang 2022 deutlich auf bis zu 160.000 € angehoben.

---

* Ausführlich zur Besoldung der Richter und Staatsanwälte in Deutschland vgl. Abschnitt 2 (S. 64 ff.).

** Laut der Studie verdienten Richter auf Probe im Jahr 2018 durchschnittlich 48.000 €, Berufseinsteiger in Unternehmen im Schnitt 87.000 € und junge Juristen in den Großkanzleien durchschnittlich 118.000 €. Ausführlich zu den Ergebnissen der Studie *Rebehn*, DRiZ 2018, S. 46 f.

Akuter Personalbedarf aus Sicht der Justizjuristen

Bestätigt werden die genannten Zahlen und Fakten durch das **subjektive Empfinden der Juristen**, die derzeit im Staatsdienst arbeiten: So halten 82 % aller Richter die Gerichte für personell schlecht ausgestattet. Nur 17 % dagegen bewerten die Personalsituation an den Gerichten positiv. Noch deutlicher fallen die **Zahlen bei den Staatsanwaltschaften** aus: 92 % der Staatsanwälte stellen der Personalsituation ein negatives Zeugnis aus; gut jeder Dritte bezeichnet die personelle Ausstattung der Staatsanwaltschaften sogar als sehr schlecht.*

86 % der befragten Richter und Staatsanwälte plädieren aus diesem Grund **für die Einstellung zusätzlicher Juristen**. Gut zwei Drittel der Befragten fordern darüber hinaus, Berufseinsteiger besser zu bezahlen.**

Stärkungspakt Justiz

Sowohl Bund als auch die Länder haben bereits versucht, dem Personalnotstand durch **verschiedene Maßnahmen** entgegenzutreten. Es wurde unter anderem zur Stärkung des Rechtsstaats und zur Entlastung der angespannten Personalsituation ein „Pakt für den Rechtsstaat“ verabschiedet. Infolge dessen wurden bis Ende 2021 in der Justiz rund **2.000 neue Stellen** geschaffen, die vom Bund mit Mitteln **in Höhe von 220 Millionen Euro** mitfinanziert wurden.

* Quelle der Daten: Roland Rechtsreport 2019, S. 45. Trotz dieser deutlichen Kritik an der personellen Ausstattung der Gerichte und Staatsanwaltschaften sind die meisten Richter und Staatsanwälte mit ihren Arbeitsbedingungen zufrieden: 9 % äußern sich sehr zufrieden, 61 % zufrieden. 27 % sind hingegen mit ihren Arbeitsbedingungen weniger zufrieden, lediglich 2 % sind überhaupt nicht zufrieden – Roland Rechtsreport 2019, S. 67.

** Roland Rechtsreport 2019, S. 54.

Auf der **Frühjahrstagung der Justizminister der Länder 2022** haben diese erneut bekräftigt, dass nun eine Art „Pakt für den Rechtsstaat 2.0" folgen müsse. Die Justizminister sind nach diesem Beschluss der Auffassung, dass gemeinsame Investitionen von Bund und Ländern in die Digitalisierung einschließlich des hieraus entstehenden Personalbedarfs im Sinne eines **Stärkungspakts Justiz** erforderlich seien.*

Pensionierte Richter und Staatsanwälte als Unterstützung

Wie prekär die aktuelle Situation bei den Gerichten und den Staatsanwaltschaften ist, zeigt die ursprüngliche **Tagungsordnung der Justizministerkonferenz 2019**: Es sollte über den Vorschlag aus Hamburg diskutiert werden, pensionierte Staatsanwälte aus dem Ruhestand zurückzuholen, damit diese den zeitintensiven **Sitzungsdienst bei Gericht übernehmen**. Voraussetzung hierfür wäre allerdings eine Änderung des *§ 142 GVG*, der bislang nur die Übernahme des Sitzungsdienstes durch Rechtsreferendare vorsieht.

Um die Pensionierungswelle zumindest abzufedern, wird auch darüber hinaus vorgeschlagen, Richtern und Staatsanwälten die Möglichkeit zu geben, **über die gesetzliche Altersgrenze hinaus** im Justizdienst zu arbeiten. Bislang haben aber nur wenige Länder flexible Ruhestandsregelungen in die Landesrichtergesetze aufgenommen.**

* 93. Justizministerkonferenz, TOP I.14 – die Beschlüsse der JuMiKo sind abrufbar auf der Seite https://www.justiz.nrw.de/JM/jumiko/.

** Einen Überblick zu den derzeit geltenden Ruhestandsregelungen geben *Kind/Geis*, DRiZ 2018, S. 48 ff.

Verbesserungen im Referendariat

Vor allem kleinere Bundesländer versuchen vermehrt Juristen ins Land zu holen, indem sie die Bedingungen im Rechtsreferendariat verbessern. So haben die Länder Hessen, Mecklenburg-Vorpommern und Sachsen wieder die Möglichkeit eingeführt, **Rechtsreferendare als Beamte auf Widerruf einzustellen**, was zu einer deutlich höheren Entlohnung der Referendare führt.[*] Und Sachsen-Anhalt ist das erste Bundesland, das den Referendaren ermöglicht hat, die Klausuren im 2. Staatsexamen **an einem Laptop statt mit der Hand zu schreiben**.[**]

Hintergrund dieser Reformen ist die Überlegung, dass man auf längere Sicht **mehr potentielle Bewerber für den Justizdienst** gewinnt, wenn man wieder mehr Juristen im juristischen Vorbereitungsdienst des eigenen Landes ausbildet. Natürlich ist es nicht zwingend, dass sich zB ein Absolvent aus Hamburg mit Interesse an einer Karriere als Richter oder Staatsanwalt auch in Hamburg für den Staatsdienst bewirbt. Denn *§ 6 Abs. 2* des Deutschen Richtergesetzes stellt klar, dass man **in jedem deutschen Land zum Richteramt** befähigt ist, egal in welchem Bundesland man die Befähigung zum Richteramt erworben hat.[***] Aber sicherlich ist es erfolgsversprechender, einen **landeseigenen Absolventen** für den

[*] Als Beamter auf Widerruf erhält man zB in Mecklenburg-Vorpommern den Anwärtergrundbetrag, der monatlich 1.502,50 € beträgt, zzgl. einer Jahressonderzahlung. Bei einer Anstellung in einem öffentlich-rechtlichen Ausbildungsverhältnis beträgt die Unterhaltsbeihilfe lediglich 1.295,00 €.

[**] Inzwischen prüfen auch viele andere Länder die Einführung des E-Examens bzw. haben die elektronische Anfertigung der Klausuren bereits eingeführt.

[***] Ausführlich zur „Befähigung zum Richteramt" als grundsätzliche Einstellungsvoraussetzung vgl. unten Abschnitt 1 (S. 19 ff.).

Nachwuchs im Richterdienst bzw. staatsanwaltlichen Dienst zu gewinnen, als Juristen aus anderen Ländern „abzuwerben".

Senkung der Bewerbungsvoraussetzungen

Schließlich ist Folge der aufgezeigten Entwicklungen im Justizdienst, dass viele Bundesländer in den vergangenen Jahren von ihren ursprünglichen Notenanforderungen abgerückt sind und die **sogenannte „Staatsnote"** – also die Ergebnisse in den juristischen Staatsexamina, die erforderlich sind, um in den richterlichen bzw. staatsanwaltlichen Dienst eingestellt werden zu können – faktisch gesenkt haben.

Beispiel NRW: Einstellungen mit bzw. ohne Prädikat

Während im Jahr 2014 insgesamt 80 % aller in die ordentliche Gerichtsbarkeit eingestellten Richter ein Prädikatsexamen in der 2. Staatsprüfung aufwiesen, waren es im Jahr 2019 nur noch 66 %. Im selben Zeitraum sank die Anzahl der mit Prädikat eingestellten Staatsanwälte von 65 % (im Jahr 2014) auf 30 % (im Jahr 2019).

In den Fachgerichtsbarkeiten kann grundsätzlich noch eine hohe Prädikatsquote von ca. 90 % gehalten werden. Eine Ausnahme bildet allerdings die Sozialgerichtsbarkeit: So konnten 13 der 14 im Jahr 2019 neu eingestellten Richter kein Prädikat im 2. Examen vorweisen.*

Aufgrund des Personalnotstands an den Gerichten hört man immer öfter die Forderung von Juristen, die **Notengrenzen für eine Bewerbung vollständig abzuschaffen**, da nach dem Deutschen Richtergesetz grund-

* Antwort der Landesregierung auf die Kleine Anfrage 4408 vom 13.10.2020, Drucksache 17/11498.

sätzlich jeder Jurist mit erstem und zweitem Staatsexamen die „Befähigung zum Richteramt“ besitzt. Dagegen spricht zum einen der ebenfalls vielfach gehörte Ruf, es müsse gewährleistet sein, dass **der (notenmäßig) beste Jurist im Gerichtssaal der Richter ist**, der letztlich das Urteil fällt.

Zum anderen hat auch das **Bundesverwaltungsgericht** – bezogen auf die Bewerbungsvoraussetzungen in Berlin – das Herabsetzen des Einstellungsniveaus in einem Beschluss aus dem Jahr 2017 deutlich kritisiert:

> „Das Einstellungsniveau ist daher in gravierender Weise herabgesetzt worden. Es befindet sich gegenwärtig auf einem Stand, der dem Anliegen "überdurchschnittlich qualifizierte Kräfte" für den Justizdienst gewinnen oder gar im "Wettbewerb um die besten Köpfe" mithalten zu können, offenkundig nicht entspricht. Die vom Bundesverfassungsgericht in Bezug genommene Größenordnung der besten 10 % der Absolventen (BVerfG, Urteil vom 5. Mai 2015 - 2 BvL 17/09 u.a. - BVerfGE 139, 64 Rn. 152) ist nicht annähernd erreicht.“*

* BVerwG, Beschluss vom 22.09.2017 - 2 C 56.16, Rn. 84. Das Gericht kam aufgrund dessen zu dem Ergebnis, „dass die Ausgestaltung der Besoldung im Land Berlin nicht genügt, um die Attraktivität des Dienstes eines Richters oder Staatsanwalts zu gewährleisten. Die vom Land Berlin gewährte Alimentation erfüllt ihre qualitätssichernde Funktion nicht“.

Abschnitt 1

» Grundsätzliche Einstellungsvoraussetzungen für Richter und Staatsanwälte

Wie wird man eigentlich Richter oder Staatsanwalt? Bevor wir in *Abschnitt 3* dieses Buchs detailliert auf **das konkrete Bewerbungs- und Einstellungsverfahren** eingehen, möchten wir zunächst die grundsätzlichen Voraussetzungen darlegen, die erfüllt sein müssen, um in Deutschland als Richter oder Staatsanwalt arbeiten zu können.

Gesetzliche Grundlagen

Für die Beantwortung der Frage, unter welchen **grundsätzlichen Voraussetzungen** man im Justizdienst arbeiten kann, sind die Regelungen im **Deutschen Richtergesetz** maßgeblich;* ergänzend hierzu finden sich in den Beamtengesetzen, Laufbahnverordnungen und Haushaltsordnungen der Länder Vorschriften zu den Einstellungsvoraussetzungen für Richter und Staatsanwälte.

Befähigung zum Richteramt

Wenig überraschend und lediglich der Vollständigkeit halber hier aufgeführt, erwirbt nur derjenige die Befähigung zum Richteramt, der ein **rechtswissenschaftliches Studium** mit der ersten Prüfung und einen anschließenden **Vorbereitungsdienst** mit der zweiten Staatsprüfung abschließt, *§ 5 Abs. 1 DRiG.***

* Das Deutsche Richtergesetz ist auf die Berufsrichter in allen Gerichtszweigen anzuwenden, vgl. § 2 DRiG. Die Anwendung des Gesetzes bezieht sich dabei sowohl auf die Bundesrichter als auch auf die Landesrichter, vgl. § 3 DRiG.

** Die Befähigung zum Richteramt ist auch Voraussetzung dafür, um als Notar (§ 5 S. 1 BNotO), als Rechtsanwalt (§ 4 Satz 1 BRAO) oder als Staatsanwalt (§ 122 DRiG) tätig zu werden. Zur Merkwürdigkeit, die Zulassung zu dem einen Beruf von der Befähigung für einen anderen Beruf abhängig zu machen, vgl. *Dylla-Krebs*, BRJ Sonderausgabe 01/2016, S. 1 ff.

» Dauer der Ausbildung vor Start in den Justizdienst

Das Deutsche Richtergesetz selbst geht derzeit von einer **Studienzeit** von viereinhalb Jahren aus, *§ 5a Abs. 1 DRiG*. Dies soll gewährleisten, dass das Studium gemäß *§ 5d Abs. 2 S. 1 DRiG* inklusive der universitären Schwerpunktprüfung und der staatlichen Pflichtfachprüfung nach fünf Jahren (also **zehn Semestern Regelstudienzeit**) abgeschlossen werden kann. Nach der neuesten veröffentlichten Statistik des Bundesamtes für Justiz beträgt die tatsächliche **durchschnittliche Studiendauer knapp 11 Semester** und damit etwas länger als die eigentlich vorgesehene Regelstudienzeit.

Für die Ableistung des **juristischen Vorbereitungsdienstes** sind laut dem Deutschen Richtergesetz zwei Jahre vorgesehen, vgl. *§ 5b Abs. 1 DRiG*. Faktisch nimmt das Rechtsreferendariat sogar etwas mehr als zwei Jahre in Anspruch, da die mündliche Prüfung im 2. Staatsexamen in allen Bundesländern erst im 25. oder 26. Ausbildungsmonat erfolgt. Veranschlagt man darüber hinaus für die **Zeit zwischen dem Ende des Studiums und dem Beginn des Referendariats** noch durchschnittlich sechs Monate – sei es, weil für das Wunsch-Ausbildungsgericht eine Wartezeit besteht, oder sei es, weil das Bundesland, in dem der Vorbereitungsdienst abgeleistet werden soll, nur zu bestimmten Monatsersten einstellt – dauert die juristische Ausbildung in der Regel **mindestens sieben Jahre**.

» Absage an den Bologna-Prozess

Die Karriere als Richter oder Staatsanwalt steht nach dem Deutschen Richtergesetz ausdrücklich nur den Juristen offen, die Studium und Referendariat **mit zwei Staatsprüfungen** abgeschlossen haben. Juristen mit einem juristischen Bachelor-/Master-Studium haben keine Befähigung zum Richteramt im Sinne des *§ 5 DRiG*. Auch Wirtschaftsjuristen (FH), die ihre Ausbildung an einer Fachhochschule absolviert haben, können den Berufsweg als Richter bzw. Staatsanwalt nicht einschlagen.

Kein Bologna-Prozess in der Juristerei

Die deutschen Juristen haben sich letztlich – verbrieft in den Regelungen des Deutschen Richtergesetzes – weitestgehend erfolgreich gegen den sogenannten „Bologna-Prozess“ gewehrt. Darunter versteht man die Harmonisierung von Studiengängen und -abschlüssen, insbesondere die Einführung eines zweistufigen Systems berufsqualifizierender Studienabschlüsse in der Form von Bachelor und Master, welche die Vergleichbarkeit und das Anerkennen von Abschlüssen im internationalen Bereich ermöglichen sollte.

» *Studium an deutscher Universität erforderlich*

Gemäß *§ 5a Abs. 1 S. 1 DRiG* müssen mindestens zwei Jahre des gesamten Studiums auf ein Studium an einer **Universität in Deutschland** entfallen. Es ist somit grundsätzlich ausgeschlossen, sein gesamtes Studium im Ausland zu verbringen, um dann das erste Staatsexamen zu schreiben und sich nach dem juristischen Vorbereitungsdienst als Richter auf Probe zu bewerben.

Eine Ausnahme zu diesem Grundsatz findet sich allerdings in *§ 112a DRiG*: Danach werden Personen, die einen **im Ausland erworbenen Abschluss** eines juristischen Studiums besitzen, auf Antrag **in den deutschen Vorbereitungsdienst übernommen**, wenn eine Prüfung ergibt, dass die Kenntnisse und Fähigkeiten der Person denen entsprechen, die in Deutschland der ersten juristischen Prüfung entsprechen (sogenannte „Gleichwertigkeitsprüfung“). Zuständig für die Prüfung der Gleichwertigkeit der Abschlüsse mit dem deutschen Staatsexamen sind dabei die **Justizprüfungsämter**.

Für den Fall, dass die Prüfung keine oder nur eine teilweise Gleichwertigkeit ergibt, wird auf Antrag in einem zweiten Schritt eine „**Eignungsprüfung**" durchgeführt. Faktisch ist die Eignungsprüfung nichts anderes, als dass der Kandidat die Klausuren und die mündliche Prüfung der ersten juristischen Staatsprüfung absolvieren und bestehen muss. Gelingt ihm das, steht ihm **der Weg in das Rechtsreferendariat** offen – mit der Möglichkeit, sich nach dem erfolgreichen 2. Staatsexamen als Richter oder Staatsanwalt zu bewerben.

» Ausrichtung des Referendariats auf den Richterberuf

Dass die Studieninhalte sowie insbesondere die Wahl der Stationen im Referendariat auf den Richterberuf ausgerichtet sein müssen, ist selbstverständlich **keine zwingende Voraussetzung** für die Möglichkeit, sich für den Staatsdienst zu bewerben.

Hierbei ist zu berücksichtigen, dass der Vorbereitungsdienst zwar ursprünglich darauf ausgerichtet war, die Referendare auf eine Tätigkeit als Richter oder Staatsanwalt vorzubereiten. Spätestens seit der Reform des Rechtsreferendariats mit einer deutlichen Verlängerung der Ausbildungsstation bei einem Rechtsanwalt auf neun Monate* trägt die Ausbildung der Referendare dem tatsächlichen Umstand Rechnung, dass der größte Teil der Juristen **als Anwälte, Unternehmensjuristen oder im sonstigen Öffentlichen Dienst** – und eben nicht als Richter oder Staatsanwalt in der Justiz – tätig werden. So arbeiten aktuell nur 27.100 Juristen im Justizdienst als Richter oder Staatsanwalt. Dies entspricht einer Quote von **lediglich ca. 7 % aller Volljuristen.****

---

* Vgl. § 5b Abs. 4 S. 1 DRiG.

** Quellen der Daten sind die Personalstatistik für Richter und Staatsanwälte zum Stichtag 31.12.2018 (veröffentlicht auf der Seite des Bundesamtes für Justiz), die

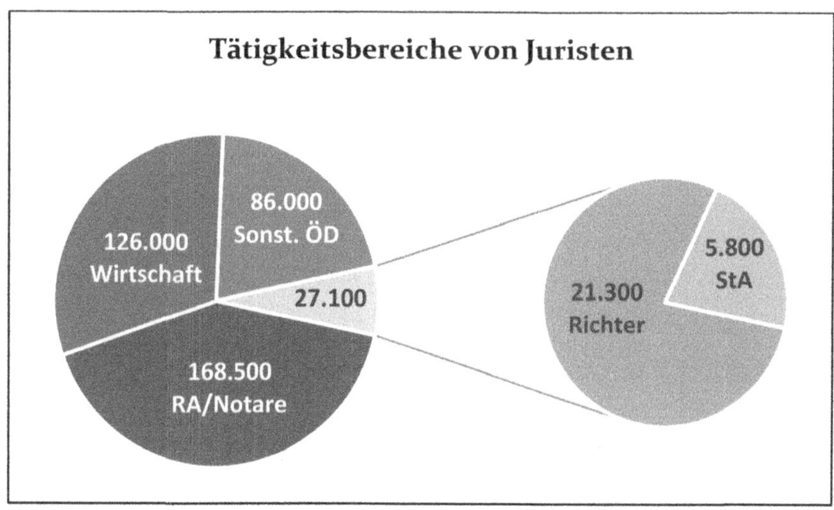

Dennoch muss man sich klarmachen, dass es spätestens im Bewerbungsgespräch insbesondere um die **Motivation des Bewerbers** geht, warum dieser Richter werden möchte. Da ist es doch seltsam, wenn zB die Wahlstation im Referendariat auf die Anwaltschaft ausgerichtet war, obwohl es schon immer der Berufswunsch des Bewerbers gewesen sein soll, Richter oder Staatsanwalt zu werden. Wenn man tatsächlich in Erwägung zieht, sich für den Staatsdienst zu bewerben, sollte man auch das Rechtsreferendariat durch die **Wahl aussagekräftiger Stationen** hierauf ausrichten. Eine Wahlstation beim jeweiligen Oberlandesgericht des Landes, in dem man Referendar ist, kann natürlich die bestehenden Notenerfordernisse für eine Bewerbung auch nicht aushebeln; eine solche Station ist aber für den Personalverantwortlichen ein **wichtiges Indiz** dafür, dass der Bewerber sich tatsächlich für eine Tätigkeit im Justizdienst interessiert.

Mitgliederstatistiken der Bundesrechtsanwalts- und Notarkammer mit Stand 01.01.2021 sowie Daten des Statistischen Bundesamtes aus dem Mikrozensus 2019.

Referendar-Programme in Niedersachsen

In manchen Bundesländern kann man sein Interesse für den Justizdienst auch durch spezielle Programme unter Beweis stellen. So hat das OLG Celle das JumP-Programm („Justizreferendare mit Profil") initiiert. Ziel des Programms ist es insbesondere, „Referendarinnen und Referendaren einen intensiveren Einblick in die Arbeitsplätze der Richter/-innen und Staatsanwälte/-innen zu eröffnen und Interesse an der Tätigkeit in der Justiz zu wecken".*

Ebenfalls in Niedersachsen haben Rechtsreferendare die Möglichkeit, sich für eine „Justizassistenz" zu bewerben. Als wissenschaftlicher Mitarbeiter arbeitet man dann – neben dem Vorbereitungsdienst – für sechs Stunden die Woche und einem Entgelt von ca. 400 € netto bei dem Oberlandesgericht, an dem man das Referendariat ableistet.

» *Zeitraum zwischen Assessorexamen und Bewerbung*

In nahezu allen Bundesländern hat es **keine Relevanz**, welcher Zeitraum seit dem Bestehen des 2. Examens vergangen ist. Es ist also ohne Probleme möglich, zunächst einige Jahre **als Rechtsanwalt zu arbeiten**, bevor man sich dann für die Einstellung als Richter auf Probe bewirbt.

Eine **besondere Regelung existiert aber in Bayern**: So muss die Bewerbung für den Justizdienst regelmäßig binnen drei Jahren nach dem Tag

* Klargestellt wird zwar auf der Internetseite des OLG Celle, dass die Teilnahme an „JumP" keine zwingende Voraussetzung für eine erfolgreiche Bewerbung um Einstellung in den höheren Justizdienst ist. Dennoch kann man durch die Teilnahme an dem Programm seine Motivation für den Beruf des Richters herausstellen.

der mündlichen Prüfung der 2. Staatsprüfung beim Bayerischen Staatsministerium der Justiz eingehen.*

Deutscher im Sinne des Art. 116 GG

Die Bewerbung als Richter auf Probe steht nur Deutschen im Sinne des Grundgesetzes offen. Dies ergibt sich aus *§ 9 Nr. 1 DRiG*. Voraussetzung ist also, dass der Bewerber die **deutsche Staatsangehörigkeit** besitzt.

In diesem Punkt zeigt sich ein deutlicher **Unterschied zum Beamtenrecht**. Nach *§ 7 Abs. 1 BeamtStG* dürfen neben Deutschen insbesondere auch Personen in das Beamtenverhältnis berufen werden, die die Staatsangehörigkeit eines anderen Mitgliedstaates der Europäischen Union besitzen. Der Staatsdienst steht in dieser Ebene also ausdrücklich auch **Nicht-Deutschen** offen. Gleiches gilt selbstverständlich auch für den juristischen Vorbereitungsdienst: Auch in das Referendariat dürfen Nicht-Deutsche aufgenommen werden. Dass die Ausbildung in vielen Bundesländern statt in einem Beamtenverhältnis auf Widerruf nunmehr in einem öffentlich-rechtlichen Ausbildungsverhältnis absolviert wird, ändert daran nichts. Ganz im Gegenteil zwingt die **Berufsfreiheit aus *Art. 12 GG*** die Länder dazu, alle Juristen in den juristischen Vorbereitungsdienst aufzunehmen – unabhängig davon, ob der Jurist die deutsche Staatsangehörigkeit besitzt oder nicht.

* So die eindeutige Information auf der Seite des Justizministeriums im Rahmen der Bewerbungsmodalitäten. Eine gesetzliche Rechtsgrundlage für diese Bewerbungsvoraussetzung, die eine Einschränkung der Berufsfreiheit darstellt, konnten wir nicht finden, sodass die Rechtmäßigkeit dieser Voraussetzung durchaus zweifelhaft ist.

Thema einer Gruppendiskussion

Aus den Protokollen ist uns bekannt, dass eine mögliche Reform des Deutschen Richtergesetzes, die es ermöglicht, auch Nicht-Deutschen den Zugang zum Beruf des Richters zu eröffnen, zum Gegenstand einer Gruppendiskussion im Rahmen eines Bewerbungsverfahrens gemacht wurde. Die Bewerber mussten nach kurzer Vorbereitung diskutieren, welche Argumente für bzw. gegen eine solche Öffnung der Justizberufe spricht.*

Konsequenterweise ist die **Ernennung eines Richters** (auf Probe) nach *§ 18 Abs. 2 Nr. 1 DRiG* nichtig, wenn der Ernannte zum Zeitpunkt der Ernennung nicht Deutscher im Sinne des *Art. 116 GG* war. Verliert ein Richter im Laufe seines Lebens die Eigenschaft als Deutscher, ist er nach *§ 21 Abs. 1 Nr. 1 DRiG* aus dem Dienstverhältnis zu entlassen.

Verfassungstreue

Weitere Voraussetzung für die Berufung als Richter ist die Eigenschaft des Bewerbers, dass er „jederzeit für die **freiheitliche demokratische Grundordnung** im Sinne des Grundgesetzes eintritt", vgl. *§ 9 Nr. 2 DRiG*. Bei dieser Vorschrift handelt es sich um eine einfachgesetzliche Ausprägung des im Grundgesetz angelegten **Prinzips der wehrhaften Demokratie**.** Dabei ist die erforderliche Verfassungstreue nicht bloß auf den Bewerber selbst bezogen. Vielmehr ist diese Berufungsvoraussetzung erst dann erfüllt, wenn der Bewerber ggf. den Bestrebungen anderer Personen,

* Ausführliche Informationen zu Gruppendiskussionen als Bestandteil des Auswahlverfahrens (sowie eine Liste von Themen, die in der Vergangenheit Gegenstand von solchen Gruppendiskussionen waren) stellen wir in Abschnitt 3 (S. 108 ff.) dar.

** Vgl. *Schmidt-Räntsch*, § 9, Rn. 12.

die sich gegen die freiheitlich demokratische Grundordnung richten, aktiv entgegentritt.

Natürlich folgt aus der erforderlichen Verfassungstreue nicht, dass der Bewerber stets mit der Politik der jeweiligen Regierung einverstanden sein muss und inhaltlich übereinstimmt. Auch eine **Mitgliedschaft in einer Partei** kann per se keine Zweifel an der Verfassungstreue begründen. Etwas anderes gilt nur dann, wenn diese Partei vom Bundesverfassungsgericht in einem entsprechenden Verfahren verboten wurde.

» Überprüfung der Verfassungstreue

Lediglich in Bayern und Mecklenburg-Vorpommern erfolgt derzeit **eine obligatorische Überprüfung der Bewerber** als Richter oder Staatsanwalt auf ihre Verfassungstreue hin. Schon im Rahmen des Einstellungsverfahrens wird per sogenannter **Regelabfrage beim Verfassungsschutz** angefragt, ob Erkenntnisse vorliegen, die Zweifel an der Verfassungstreue des Bewerbers begründen könnten.*

Das **Hessische Justizministerium** hatte im Jahr 2018 vorgeschlagen, die Verfassungstreue angehender Richter zukünftig in allen Bundesländern zu prüfen. Dieser Vorschlag wurde auch auf der Justizministerkonferenz ausführlich diskutiert, fand aber bei den Justizministern der übrigen Bundesländer kein Gehör. Gegen die obligatorische Regelabfrage wird eingewendet, dass eine solche **nicht notwendig und damit unverhältnismäßig** sei. Die mehrjährige Juristenausbildung, insbesondere der Vorbereitungsdienst und die Probezeit, eröffneten ausreichend Gelegen-

* Rechtsgrundlage dieser Regelabfrage ist in Bayern Ziffer 4.1 der Bekanntmachung über die Pflicht zur Verfassungstreue im öffentlichen Dienst (VerftöDBek) und in Mecklenburg-Vorpommern § 3a RiG MV.

heiten, die Verfassungstreue zu überprüfen. Und selbst nach der Ernennung eines Richters auf Lebenszeit und einer anschließenden Radikalisierung könnten **disziplinarrechtliche Maßnahmen** ergriffen und der Richter ggf. sogar aus dem Dienst entlassen werden.*

Dementsprechend beschränken sich die meisten Länder aktuell darauf, sich von den Bewerbern das **Bekenntnis zur freiheitlich demokratischen Grundordnung** im Rahmen des Bewerbungsverfahrens – zum Teil auch erst nach einer entsprechenden Einstellungszusage – **schriftlich bestätigen zu lassen**. Nur bei begründeten Zweifeln an der Verfassungstreue erfolgt ggf. eine Verfassungsschutzabfrage hinsichtlich des Bewerbers.

Soziale Kompetenz

Allein fachliches Können genügt nicht, um sich erfolgreich als Richter auf Probe zu bewerben. Das **Deutsche Richtergesetz** fordert darüber hinaus explizit als Einstellungsvoraussetzung, dass der Bewerber „über die erforderliche soziale Kompetenz verfügt", *§ 9 Nr. 4 DRiG*.

Reform des DRiG

Interessanterweise sah das Deutsche Richtergesetz ursprünglich die Voraussetzung der sozialen Kompetenz gar nicht vor. Erst mit der Reform des DRiG im Jahr 2003 wurde der *§ 9 Nr. 4* eingeführt. Eingebracht wurde der Gesetzentwurf von den Fraktionen Bündnis 90 / Die Grünen sowie SPD. Im ersten Entwurf sollte dabei Ziffer 4 noch folgender-

* Vgl. hierzu die ausführliche Stellungnahme gegen eine Regelabfrage von *Saam*, DRiZ 2018, S. 287. Eine Zusammenfassung der aktuellen Rechtslage und Reformbestrebungen in den Ländern gibt *Rebehn*, DRiZ 2016, S. 402 f.

> maßen gefasst werden: „über die erforderliche soziale Kompetenz, Berufs- und Lebenserfahrung verfügt, die insbesondere nachgewiesen werden kann durch eine zweijährige Tätigkeit als Anwalt oder in einem anderen vergleichbaren juristischen Beruf".

In aller Regel finden sich in den AG- sowie Stationszeugnissen keine bzw. zumindest **keine ausführlichen Angaben** zur sozialen Kompetenz des Juristen. Auch die Ergebnisse der juristischen Staatsexamina sagen allein etwas über die fachliche Kompetenz des Bewerbers aus, nicht aber über die soziale Tauglichkeit, als Richter oder Staatsanwalt arbeiten zu können. Dementsprechend ist es gerade das **Ziel des Bewerbungsgesprächs** beim zuständigen OLG oder Ministerium herauszufinden, ob der Kandidat über die vom Deutschen Richtergesetz geforderte soziale Kompetenz verfügt und somit in dieser Hinsicht die Einstellungskriterien erfüllt.

Der Begriff der „sozialen Kompetenz" ist natürlich sehr **unbestimmt**. In vielen Ländern finden sich daher auf den Seiten der Ministerien oder Gerichte **detaillierte „Anforderungsprofile"**, die die zukünftigen Richter und Staatsanwälte erfüllen sollen und die zumindest auch Kriterien für die erforderliche soziale Kompetenz auflisten.* Danach sind Ausprägungen der sozialen Kompetenz unter anderem die Fähigkeit, sich in die **Teamarbeit einer Kammer** einzubringen, auf die Verfahrensbeteiligten eines Prozesses einzugehen sowie die hinter einem Streit liegenden Interessen der Parteien zu erkennen und zu würdigen. Auch bezieht sich die soziale Kompetenz auf mögliche **Konfliktlösungen mit Kollegen** oder Mitarbeitern im eigenen Dezernat.

Überprüft wird das Vorliegen der sozialen Kompetenz in vielen Bundesländern durch **„Rollenspiele"** zwischen den Personalverantwortlichen einerseits und dem Bewerber andererseits. Aufgrund der Wichtigkeit sollte

---

* Auf diese Anforderungsprofile für Richter und Staatsanwälte gehen wir aufgrund der Wichtigkeit in Abschnitt 3 (S. 79 ff.) ausführlich ein.

man sich auf diese in besonderem Maße vorbereiten und im Blick behalten, dass Ziel dieser Rollenspiele gerade die Prüfung der sozialen Kompetenz im Sinne des *§ 9 Nr. 4 DRiG* ist.*

Weitere allgemeine Voraussetzungen

Darüber hinaus müssen Bewerber noch weitere (allgemeine) Voraussetzungen erfüllen, um als Richter auf Probe eingestellt werden zu können.

» Geschäftsfähigkeit

Allein schon wegen der Mitwirkung des Juristen bei der Ernennung zum Richter (auf Probe), muss dieser **geschäftsfähig** sein. Nach *§ 17 Abs. 1 DRiG* erfolgt die Ernennung von Richtern durch die Aushändigung einer Urkunde. Die Ernennung bedarf dabei der Einwilligung des zu Ernennenden.** Kann der Jurist mangels Geschäftsfähigkeit diese Einwilligung nicht geben, ist eine Ernennung schon nicht möglich.

» Persönliche und fachliche Eignung

Als Richter bzw. Staatsanwalt muss man zudem persönlich und fachlich geeignet sein. Dies folgt aus einem **Umkehrschluss aus *§ 22 Abs. 2 Nr. 1 DRiG***: Danach kann ein Richter auf Probe zum Ablauf des dritten oder vierten Jahres entlassen werden, wenn er für das Richteramt nicht geeig-

* Zu den Rollenspielen als Teil des Bewerbungsgesprächs vgl. Anschnitt 3 (S. 104 ff.).

** Bei der Ernennung handelt es sich um einen mitwirkungsbedürftigen Verwaltungsakt, vgl. *Schmidt-Räntsch*, § 17, Rn. 4.

net ist. Sofern diese Eignung nicht **zum Zeitpunkt der Bewerbung** vorliegt, wird der Jurist also schon gar nicht als Richter auf Probe eingestellt.

Die fachliche Eignung weist man im Bewerbungsverfahren in der Regel durch die **Examensnoten** - sowie durch ggf. zu berücksichtigende Zusatzqualifikationen - nach. Hat man die von den Ländern als Mindestvoraussetzung genannten Punktzahlen im ersten und zweiten Examen erreicht, ist man grundsätzlich fachlich geeignet. Trotz alledem darf man daraus nicht den Schluss ziehen, durch Vorlage der Zeugnisse sei die fachliche Eignung bewiesen und hinreichend belegt. Vielmehr muss man auch im Rahmen des Bewerbungsgesprächs **mit Fachfragen rechnen**, die darauf abzielen, den Kandidaten seine fachliche Tauglichkeit unter Beweis stellen zu lassen.

Wie die soziale Tauglichkeit ist auch die persönliche Eignung des Bewerbers ein **unbestimmter Begriff**. Zur persönlichen Eignung zählen unter anderem der gesundheitliche, geistige und charakterliche Zustand des Bewerbers. Dementsprechend ist Voraussetzung für eine letztliche Einstellung und Ernennung als Richter auf Probe das Bestehen einer **amtsärztlichen Untersuchung**.

» Fähigkeit zur Bekleidung öffentlicher Ämter / keine Unwürdigkeit

Schließlich muss man die **Fähigkeit zur Bekleidung öffentlicher Ämter** besitzen und dem Amt als Richter würdig sein. Dies folgt aus den *§§ 18 Abs. 2 Nr. 3, 19 Abs. 1 Nr. 4 DRiG.*

Gemäß *§ 45 Abs. 1 StGB* verliert jemand beispielsweise für die Dauer von fünf Jahren die Fähigkeit, öffentliche Ämter zu bekleiden, wenn er wegen eines **Verbrechens** zu einer Freiheitsstrafe von **mindestens einem Jahr** verurteilt wird. Nach Absatz 2 der Norm kann ein Gericht einem Verurteilten für die Dauer von zwei bis fünf Jahren die Fähigkeit zur Bekleidung öffentlicher Ämter entziehen, wenn das Gesetz es besonders vorsieht.

Unwürdigkeit ist bei Verurteilungen zu einer Freiheitsstrafe von mindestens einem Jahr stets anzunehmen, wenn die Straftat – egal ob es sich um ein Vergehen oder Verbrechen handelt – **vorsätzlich begangen** wurde. Fahrlässig begangene Taten führen dagegen in aller Regel nicht zur Unwürdigkeit des Bewerbers. Aber auch andere Taten mit einer Verurteilung zu geringeren Strafen können zu einer Unwürdigkeit des Kandidaten führen. Dies ist immer dann anzunehmen, wenn die Tat **Zweifel an der Integrität** des (zukünftigen) Richters oder Staatsanwalts aufkommen lassen und der Bürger auf eine ordnungsgemäße Amtsführung nicht mehr vertrauen kann. Beispiele hierfür sind **Verurteilungen wegen Aussage- oder Urkundsdelikten**, die Verurteilung wegen falscher Verdächtigung oder wegen Rechtsbeugung. *

Altersgrenzen

In den einschlägigen Gesetzen finden sich eine **Vielzahl von Altersgrenzen**, die bei der Berufung von Richtern zu beachten sind. So müssen beispielsweise nach *§ 3 Abs. 1 BVerfGG* Richter am Bundesverfassungsgericht mindestens das 40. Lebensjahr vollendet haben. Und Richter an den obersten Bundesgerichten müssen mindestens 35 Jahre alt sein.**

Für die Einstellung als Richter auf Probe finden sich im Deutschen Richtergesetz grundsätzlich keine Mindest- oder Höchstaltersgrenzen. Es ist aber zu berücksichtigen, dass auf das Richterverhältnis die **beamtenrechtlichen Regelungen** entsprechend anzuwenden sind, sofern in den Richtergesetzen von Bund und Ländern nichts Abweichendes geregelt

---

* Es muss stets zu einer Verurteilung gekommen sein; eine Einstellung eines solchen Verfahrens nach § 153 StPO reicht nicht dafür aus, eine Unwürdigkeit des Kandidaten festzustellen.

** Vgl. zB die Regelungen in § 125 Abs. 2 GVG für den BGH, § 15 Abs. 3 VwGO für das BVerwG sowie § 42 Abs. 2 ArbGG für das BAG.

und soweit die anzuwendende beamtenrechtliche Vorschrift mit dem Leitbild des Richters zu vereinbaren ist.*

» *Landesgesetzliche Altersgrenzen*

In den **beamtenrechtlichen Vorschriften vieler Länder** finden sich aber Altersgrenzen für Bewerber. Ist jemand zum Zeitpunkt der geplanten Verbeamtung älter als die jeweilige gesetzliche Altersgrenze, scheidet eine Einstellung als Beamter aus. Hintergrund dieser Regelungen ist der Umstand, dass man als Beamter auf Lebenszeit, also über die aktive Dienstzeit hinaus bis zum Tod, „**alimentiert**" wird. Die Länder als Dienstherren haben ein legitimes Interesse daran, eine genügend lange aktive Dienstzeit des Beamten erwarten zu dürfen, damit Dienstzeit einerseits und Alimentierung andererseits nicht im Missverhältnis zueinander stehen.

Dieses berechtigte Interesse der Länder besteht aber nicht nur bei Beamten, sondern **gleichermaßen auch bei Richtern**. Auch wenn die grundsätzlichen Einstellungsvoraussetzungen abschließend in den Richtergesetzen normiert sind, sind die Höchstaltersgrenzen für die Verbeamtung auch auf die Ernennung als Richter auf Probe entsprechend anzuwenden.

	Altersgrenze	**Rechtsgrundlage**
Baden-Württemberg	42 Jahre	§ 48 Abs. 1 LHO BW
Bayern	45 Jahre	Art. 23 Abs. 1 BayBG
Berlin	45 Jahre	§ 8a LBG BE iVm §§ 3, 10 RiG BE

* Vgl. *Schmidt-Räntsch*, Vor § 8, Rn. 2.

Brandenburg	47 Jahre	§ 3 Abs. 2 LBG Brbg
Bremen	45 Jahre	§ 48 LHO Bre
Hamburg	45 Jahre	§ 5 Abs. 1 HmbLVO
Hessen	50 Jahre	§ 11 Abs. 1 HLV
Mecklenburg-Vorpommern	40 Jahre	§ 26 Abs. 1 ALVO M-V
Niedersachsen	45 Jahre	§ 18 Abs. 3 NBG
Nordrhein-Westfalen	42 Jahre	§ 14 Abs. 3 LBG NRW
Rheinland-Pfalz	45 Jahre	§ 19 Abs. 1 LBG R-P
Saarland	45 Jahre	§ 4 Abs. 1 SBG
Sachsen	42 Jahre	§ 7 Abs. 1 SächsBG
Sachsen-Anhalt	45 Jahre	§ 5a Abs. 1 LRiG LSA
Schleswig-Holstein	45 Jahre	§ 48 Abs. 1 LHO S-H
Thüringen[*]	---	---

[*] Zwar gibt es im Thüringer Laufbahngesetz eine Altersgrenze für die Einstellung von 47 Jahren. Nach § 1 Abs. 2 Nr. 2 ThürLBG gilt das Gesetz jedoch ausdrücklich nicht für Richter und Staatsanwälte. Und nach § 2 des „Thüringer Gesetz über die Rechtsverhältnisse der Richter und Staatsanwälte im Landesdienst“ finden zwar grundsätzlich die beamtenrechtlichen Vorschriften entsprechende Anwendung, jedoch gerade das Thüringer Laufbahngesetz nicht. Wir konnten daher keine Altersgrenze feststellen.

» Ausnahmeregelungen

Wichtig zu wissen ist allerdings, dass in nahezu allen Landesgesetzen auch Ausnahmetatbestände zu finden sind, nach denen sich die Altersgrenze für die Einstellung erhöht. So ist oftmals vorgesehen, dass sich die Altersgrenze erhöht, wenn der Bewerber zB eine **Dienstpflicht abgeleistet oder nahe Angehörige gepflegt** hat. Auch für Bewerber mit einer Schwerbehinderung gelten in der Regel abweichende Altersgrenzen. Und schließlich können in der Regel **Ausnahmen von den Höchstaltersgrenzen** zugelassen werden, insbesondere wenn „der Dienstherr ein erhebliches dienstliches Interesse daran hat, Bewerberinnen oder Bewerber als Fachkräfte zu gewinnen"*.

» Rechtmäßigkeit der Altersgrenzen

Das Aufstellen von Höchstaltersgrenzen für die Einstellung in das Beamtenverhältnis (und gleichsam auch in das Richterverhältnis) ist auch rechtmäßig. Insbesondere stellen derartige Grenzen **keine verbotene Altersdiskriminierung** der Bewerber dar und verstoßen somit nicht gegen das Allgemeine Gleichbehandlungsgesetz. Zwar unterfallen Altersgrenzen dem sachlichen Anwendungsbereich des AGG und führen zu einer **unmittelbaren Ungleichbehandlung der Bewerber** aufgrund des Alters im Sinne des *§ 3 Abs. 1 S. 1 AGG.*** Das Aufstellen einer Altersgrenze in den Beamtengesetzen, Laufbahnverordnungen bzw. Haushaltsordnungen der Länder ist **aber nach *§ 10 S. 3 Nr. 3 AGG* gerechtfertigt**. Danach ist eine Ungleichbehandlung wegen des Alters zulässig, „wenn die

* So zum Beispiel der Wortlaut der nordrhein-westfälischen Regelung hierzu in § 14 Abs. 10 Nr. 1 LBG NRW.

** Das Allgemeine Gleichbehandlungsgesetz ist nach § 24 Nr. 2 AGG unter Berücksichtigung ihrer besonderen Rechtsstellung auch auf Richterinnen und Richter des Bundes und der Länder entsprechend anwendbar.

Festsetzung eines Höchstalters für die Einstellung auf Grund der Notwendigkeit einer angemessenen Beschäftigungszeit vor dem Eintritt in den Ruhestand“ geboten ist.* Aufgrund des **auf Lebenszeit angelegten Anspruchs auf Versorgung** gegenüber dem Staat hat das Land bzw. der Bund ein berechtigtes Interesse daran, möglichst lange von der Dienstzeit des Richters bzw. Staatsanwalts zu profitieren, um so Alimentierung einerseits und Dienstzeit andererseits **in ein angemessenes Verhältnis** zu bringen. Die Bestimmung einer Altersgrenze ist zur Erreichung dieses Zwecks angemessen und erforderlich im Sinne des *§ 10 AGG*.

Schließlich ist die Festlegung einer Altersgrenze auf zumindest 40 Jahre auch **verhältnismäßig im engeren Sinne**. Selbst unter Berücksichtigung der Dauer von Studium und Referendariat sowie gewisser alternativer Lebensplanungen, die ggf. zu einer Verlängerung der Ausbildung führen können, erlaubt eine derartig hohe Höchstaltersgrenze nahezu jedem Juristen, sich nach dem 2. Staatsexamen für den Beruf des Richters oder Staatsanwalts zu bewerben.**

Schließlich dürften gerade die **vielfältigen Ausnahmereglungen zu den Höchstaltersgrenzen** dazu führen, dass die altersmäßige Ungleichbehandlung der Bewerber verhältnismäßig und damit letztlich gerechtfertigt ist.

* Vgl. VerwGH Baden-Württemberg, Urteil vom 31.05.2011, 4 S 187/10, DÖV 2011, 779 (zur Vorschrift des § 48 Abs. 1 LHO BW); BVerwG, Beschluss vom 24.01.2011, DÖV 2011, 491 (zur Vorschrift des § 14 Abs. 3 LBG NRW).

** Vgl. VerwGH Baden-Württemberg, Urteil vom 31.05.2011, 4 S 187/10, DÖV 2011, 779.

Exkurs: Besondere Voraussetzungen für die Berufung als Richter auf Lebenszeit

Nach der Darstellung der Voraussetzungen für die Einstellung als Richter auf Probe bietet es sich an, kurz auf die besonderen Voraussetzungen für die **Berufung als Richter auf Lebenszeit** zu schauen: Nach *§ 10 Abs. 1 DRiG* ist Voraussetzung für die Ernennung zum Richter auf Lebenszeit eine Tätigkeit im richterlichen Dienst von **mindestens drei Jahren**.

* Viele weitere Karikaturen „über den ganz normalen Wahnsinn bei Gericht" sowie Infos zu den Büchern von Tim-Oliver Feicke gibt es auf https://feickecartoons.de.

Nach dem eindeutigen Wortlaut des *§ 12 Abs. 2 DRiG* hat man **spätestens fünf Jahre** nach der Ernennung einen Anspruch darauf, als Richter auf Lebenszeit oder Staatsanwalt ernannt zu werden.

Kein Anspruch auf Einstellung

Glaubt man sämtliche genannten Einstellungsvoraussetzungen zu erfüllen und – auch im Vergleich zu den Mitbewerbern – persönlich, sozial und fachlich der geeignetste Kandidat zu sein, hat man dennoch **keinen Anspruch darauf**, als Richter auf Probe eingestellt zu werden. Vielmehr liegt die Entscheidung über die Einstellung eines Bewerbers und die Auswahl unter mehreren Bewerbern allein im pflichtgemäßen Ermessen des Dienstherrn.[*] Als Bewerber hat man lediglich einen **Anspruch auf ermessensfehlerfreie Behandlung der Bewerbung**, wobei „die im Rahmen der Ermessensentscheidung vorzunehmende Beurteilung von Eignung, Befähigung und fachlicher Leistung ein Akt wertender Erkenntnis ist, der vom Gericht nur beschränkt darauf zu überprüfen ist, ob die Einstellungsbehörde der Beurteilung einen unrichtigen Tatbestand zugrunde gelegt, allgemeingültige Wertmaßstäbe nicht beachtet oder **sachwidrige Erwägungen** angestellt hat“.[**]

Übertragbarkeit der Einstellungsvoraussetzungen auf die Bewerbung als Staatsanwalt

Grundsätzlich gilt: Staatsanwälte sind keine Richter. Während Richter Teil der Judikative sind, **sind Staatsanwälte Bestandteil der Exekutive**.

---

[*] Vgl. BVerwG, Urteil vom 07.05.1981 – 2 C 42.79, DVBl. 1982, 198.

[**] BVerwG, Urteil vom 07.05.1981 – 2 C 42.79, DVBl. 1982, 198.

Trotz ihrer Nähe zum Richter sind Staatsanwälte Beamte.* Dementsprechend ist es grundsätzlich möglich, dass Staatsanwälte als Beamte auf Probe eingestellt werden mit der Folge, dass (lediglich) die **beamtenrechtlichen Einstellungsvoraussetzungen** erfüllt sein müssen, nicht aber die speziellen Voraussetzungen des Deutschen Richtergesetzes. Um dennoch der Nähe des Staatsanwalts zum Richter gerecht zu werden, stellt *§ 122 Abs. 1 DRiG* klar, dass nur „zum Staatsanwalt ernannt werden kann, wer die **Befähigung zum Richteramt** (*§§ 5 bis 7*) besitzt". Neben den beamtenrechtlichen Einstellungsvoraussetzungen müssen die Bewerber also ein rechtswissenschaftliches Studium und den juristischen Vorbereitungsdienst absolviert und mit zwei Staatsexamina bestanden haben.

§ 12 Abs. 1 DRiG ermöglicht es aber dem Bund und den Ländern, Juristen, die später als Staatsanwalt eingesetzt werden sollen, **ebenfalls als Richter auf Probe** zu ernennen. Der große Vorteil der Einstellung von Staatsanwälten als Richter auf Probe ist es, dass der Jurist dann im Rahmen seiner Erprobung auch als Richter eingesetzt werden kann; ein Beamter auf Probe der Staatsanwaltschaft kann dagegen **im richterlichen Dienst** nicht eingesetzt, an ein Gericht zur Wahrnehmung eines Richteramtes nicht abgeordnet und nicht zum Richter kraft Auftrags berufen werden.**

Von dieser Möglichkeit, Bewerber für die Staatsanwaltschaft als Richter auf Probe einzustellen, **machen alle Länder Gebrauch**. So ist es den Ländern zum einen möglich, den Personalbedarf bei den Gerichten und Staatsanwaltschaften durch Proberichter flexibel zu decken. Und zum anderen **fördert es die Ausbildung** aller Richter und Staatsanwälte, wenn diese im Rahmen ihrer Erprobungszeit auch den jeweils anderen Beruf praktisch kennengelernt und ausgeübt haben.

---

* BVerfG, Urteil vom 15.11.1971 – 2 BvF 1/70, NJW 1972, 25; *Schmidt-Räntsch*, § 122, Rn. 2.

** *Schmidt-Räntsch*, § 12, Rn. 7.

Einsatz als Staatsanwalt und Richter

In den meisten Bundesländern findet ein einheitliches Bewerbungsverfahren statt unabhängig davon, ob man später als Richter oder Staatsanwalt arbeiten möchte. In diesen Ländern ist es allein deshalb zwingend vorgesehen, dass Richter auf Probe innerhalb ihrer Probezeit sowohl richterlich als auch staatsanwaltlich eingesetzt und tätig werden.

Nur die Länder Bremen, Hamburg und Nordrhein-Westfalen haben ein getrenntes Einstellungsverfahren von Richtern und Staatsanwälten. Trotz dieser eigentlich strikten Trennung besteht aber auch in diesen Ländern die Möglichkeit für einen sogenannten Laufbahnwechsel. Ein solcher Wechsel von richterlicher zur staatsanwaltlichen bzw. von staatsanwaltlicher zur richterlichen Tätigkeit setzt einen Antrag beim Präsidenten des Oberlandesgerichts oder dem Generalstaatsanwalt, in dessen Bezirk sie tätig sind, voraus.*

Folge dieser Einstellungspraxis der Länder ist es, dass auch die Bewerber für die Staatsanwaltschaft **sämtliche oben genannten Einstellungsvoraussetzungen**, die insbesondere das Deutsche Richtergesetz für die Ernennung als Richter auf Probe aufstellt, erfüllen müssen. Neben der Befähigung zum Richteramt müssen die Bewerber also

- Deutsche im Sinne des *Art. 116 GG* sein,
- über die erforderliche Verfassungstreue verfügen,
- soziale Kompetenz aufweisen,

* Für Nordrhein-Westfalen sind beispielsweise die Einzelheiten zum möglichen Laufbahnwechsel zwischen dem richterlichen und dem staatsanwaltlichen Dienst in der Allgemeinen Verfügung des Justizministeriums vom 15.08.2001 (2201 – I A. 76) geregelt.

- die weiteren allgemeinen Voraussetzungen (insbes. Geschäftsfähigkeit sowie persönliche und fachliche Kompetenz) erfüllen
- und dürfen die Höchstaltersgrenze zum Zeitpunkt der Ernennung noch nicht überschritten haben.

Abschnitt 2

» Dienstverhältnis und Besoldung von Richtern und Staatsanwälten

Hinsichtlich des Dienstverhältnisses der Justizjuristen, des **sich daraus ergebenden Status sowie der Rechte und Pflichten** muss zwischen Richtern und Staatsanwälten differenziert werden.

Das Richterverhältnis

Das Richterverhältnis ist ein **Dienst- und Treueverhältnis eigener Art**. Es ist also kein besonderes Beamtenverhältnis. Vielmehr ist strikt zwischen Richterverhältnis einerseits und Beamtenverhältnis andererseits zu differenzieren; diese strikte Trennung beider Dienstverhältnisse ist dabei **grundgesetzlich vorgeschrieben**.*

Nicht nur formal, sondern auch materiell wichtig ist die Unterscheidung, dass der Richter **Träger der Judikative** ist, während ein Beamter im Rahmen einer Behördenhierachie an der Ausübung der Exekutive mitwirkt. Ursprung dieser Unterscheidung und kennzeichnend für den Richterberuf ist der in *Art. 97 Abs. 1 GG* niedergelegte Grundsatz, dass der Richter **nur dem Gesetz unterworfen** und gerade nicht an Weisungen gebunden ist.**

» *Rechtsformen des Richterdienstes*

Das Deutsche Richtergesetz geht grundsätzlich von **Richtern auf Lebenszeit** aus (vgl. *§ 28 Abs. 1 DRiG*). Aus der Vorschrift des *§ 10 Abs. 1 DRiG*, nach dem zum Richter auf Lebenszeit nur ernannt werden darf, wer

---

* Vgl. *Schmidt-Räntsch*, Einl., Rn. 32. Gegen das Vorliegen einer konsequenten Unterscheidung beider Dienstverhältnisse spricht nicht der Umstand, dass für die Rechtsverhältnisse der Richter ggf. die Vorschriften für Beamte entsprechend Anwendung finden, wie es § 71 DRiG vorsieht.

** Dieser das Richterverhältnis prägende Grundsatz wird aufgrund der Wichtigkeit nahezu wortgleich in § 25 DRiG sowie sinngemäß in § 1 GVG wiederholt.

mindestens drei Jahre im richterlichen Dienst tätig gewesen ist, ergibt sich zwingend die Notwendigkeit von **Richtern auf Probe**.

Die *§§ 8, 11 DRiG* sehen zudem die Ernennung von **Richtern auf Zeit** vor, wenn ein Bundesgesetz dies zulässt. Möglich sind solche „zeitlich befristeten Richter" beispielsweise seit dem Jahr 2015 nach den *§§ 17 Nr. 3, 18 VwGO*: Danach kann ein Beamter auf Lebenszeit mit der Befähigung zum Richteramt **zur Deckung eines nur vorübergehenden Personalbedarfs** für die Dauer von mindestens zwei Jahren zum Richter auf Zeit ernannt werden.

Schließlich ist die Ernennung eines Beamten auf Lebenszeit oder auf Zeit zum **Richter kraft Auftrags** möglich (*§ 14 Abs. 1 DRiG*), wenn dieser nach dauerhaftem Eintritt in den Richterdienst später als Richter auf Lebenszeit eingesetzt werden soll.*

» Richterliche Unabhängigkeit

Durch *Art. 97 GG* garantiert ist die Unabhängigkeit der Richter, die in unmittelbarem Zusammenhang mit der grundgesetzlich geschützten Gewaltenteilung steht. Man kann dabei differenzieren zwischen der **sachlichen Unabhängigkeit**, also der Freiheit von und dem Schutz vor Weisungen im Rahmen der Amtsausübung, und der **persönlichen Unabhängigkeit**, welche die Unabsetzbarkeit der Richter gewährleistet. So können Richter gegen ihren Willen grundsätzlich **nicht vor Ende ihrer Amtszeit**

* Ein Richter kraft Auftrags hat nach zweijähriger Tätigkeit einen klagbaren Anspruch auf Ernennung zum Richter auf Lebenszeit bzw. – bei Ländern mit einem Richterwahlausschuss – einen Anspruch diesem Wahlausschuss zur Wahl vorgeschlagen zu werden, vgl. § 16 DRiG.

entlassen, nicht zeitweise ihres Amtes enthoben und nicht an eine andere Stelle versetzt werden.*

Der Begriff der Weisungen im Rahmen der sachlichen Unabhängigkeit ist dabei – gerade um einen größtmöglichen Schutz der Gewaltenteilung zu gewährleisten – im weitesten Sinne zu verstehen. Gemeint ist die Freiheit des Richters **vor jeglicher Einflussnahme** der Exekutive.

Problematik bei Richtern auf Zeit

Auch bei Richtern auf Zeit muss die verfassungsrechtliche Unabhängigkeit gewährleistet sein. Problematisch ist dies jedoch, da Richter auf Zeit vormals Beamte in der Exekutive waren und nach Ablauf der vereinbarten Zeit wieder als Beamte in der Exekutive tätig werden. Gerade im Hinblick auf *§ 18 VwGO* und der dort genannten Mindestdauer von nur zwei Jahren wurde in der Literatur vertreten, dass die Vorschrift nicht die richterliche Unabhängigkeit wahre und daher verfassungswidrig sei.**

Dieser Auffassung ist das Bundesverfassungsgericht aber letztlich nicht gefolgt: „Das auf dem Grundsatz der Gewaltenteilung beruhende Verbot der personellen Verflechtung zwischen den Organen der rechtsprechenden und der vollziehenden Gewalt ist ein Verbot der gleichzeitigen Aufgabenwahrnehmung in zwei Staatsgewalten. Es wird durch die zeitliche Aufeinanderfolge von Tätigkeiten in beiden Staatsgewalten nicht verletzt. Auch dass bei den Richtern auf Zeit das künftige

* Einfachgesetzlich niedergelegt ist die persönliche Unabhängigkeit in § 27 Abs. 1 DRiG: Danach „ist dem Richter auf Lebenszeit [...] ein Richteramt bei einem bestimmten Gericht zu übertragen".

** *Kopp/Schenke*, § 18, Rn. 1, m.w.N.

> Wiederaufleben des Beamtenverhältnisses nach dem Ende der Amtszeit als Richter von vornherein feststeht, begründet wegen der klaren zeitlichen Abgrenzung keine grundsätzlichen Bedenken."*

Konkrete Folge der richterlichen Unabhängigkeit ist zum Beispiel, dass ein Richter grundsätzlich **keine Dienststunden einzuhalten** hat. Er muss nur bei Gericht erscheinen, wenn seine Anwesenheit sachlich geboten ist. Dies ist beispielsweise dann der Fall, wenn Beratungs- oder Verhandlungstermine terminiert sind, an denen er teilzunehmen oder die er zu leiten hat.** Die sachliche und persönliche Unabhängigkeit bezieht sich allein auf die **richterliche Tätigkeit**. Weisungen sind also insbesondere für die Tätigkeit als Spruchkörper sowie weitere allgemeine Tätigkeiten (wie zB Terminbestimmungen, Ladungen, Fristsetzungen oder prozessleitende Maßnahmen) ausgeschlossen und unzulässig.

Keine richterliche Tätigkeit ist das **Tätigwerden als Staatsanwalt**. Auch wenn ein Staatsanwalt als Richter auf Probe eingestellt wird*** und somit in einem Richterverhältnis steht, kann er sich im Rahmen seiner Tätigkeit bei der Staatsanwaltschaft nicht auf seinen Richterstatus und die richterliche Unabhängigkeit berufen. Gerade weil er als Staatsanwalt und nicht richterlich tätig wird, hat er **Weisungen Folge zu leisten**.

» Einschränkungen der Unabhängigkeit bei Richtern auf Probe

Richter auf Probe sollen vor der Ernennung zum Richter auf Lebenszeit in der Justiz **vielfältige Erfahrungen** sammeln. Die meisten Bundesländer

* BVerfG, Urteil vom 22.03.2018 – 2 BvR 780/16, DÖV 2018, 629.

** Vgl. *Schmidt-Räntsch*, § 25, Rn. 8.

*** Nach § 12 Abs. 1 DRiG kann auch zum Richter auf Probe ernannt werden, wer als Staatsanwalt verwendet werden soll. Ausführlich hierzu Abschnitt 1 (S. 38 ff.).

sehen bereits aus diesem Grunde bei Proberichtern einen **Laufbahnwechsel** zwischen dem richterlichen und dem staatsanwaltlichen Dienst vor. Das Ziel der Verwendung des Proberichters an diversen Stellen der Rechtspflege kann nicht erreicht werden, wenn sich ein Richter auf Probe auf seine persönliche Unabhängigkeit berufen und einen Wechsel gegen seinen Willen verhindern könnte. Abweichend vom Grundsatz des *Art. 97 Abs. 2 GG* und der einfach gesetzlichen Norm des *§ 37 DRiG* dürfen Richter auf Probe gemäß *§ 13 DRiG* **an jedes Gericht, jede Behörde** der Gerichtsverwaltung **und jede Staatsanwaltschaft** abgeordnet und verwendet werden, ohne dass es seiner Zustimmung hierfür bedürfte.

Versetzungen während der Probezeit

Proberichter müssen sich darauf gefasst machen, innerhalb der ersten drei (oder mehr) Jahre vor der Ernennung als Richter auf Lebenszeit des Öfteren – und zum Teil sehr kurzfristig – an ein anderes Gericht versetzt zu werden. Gerade der Personalmangel bei den Gerichten und Staatsanwaltschaften führt dazu, dass Proberichter immer häufiger als „Lückenbüßer" eingesetzt werden und „abgesoffene" Dezernate übernehmen müssen.

Die häufigen (und kurzfristigen) Versetzungen innerhalb der Probezeit sind den meisten Juristen bekannt und machen den Berufseinstieg als Richter bzw. Staatsanwalt nicht gerade attraktiver. Der Deutsche Richterbund hat dieses Problem erkannt und fordert mehr Planungssicherheit für die Proberichter, um so erfolgreich gut qualifizierte Assessoren für den Staatsdienst gewinnen zu können.[*]

[*] Deutscher Richterbund, „Die personelle Zukunftsfähigkeit der Justiz in der Bundesrepublik Deutschland", S. 25 f. Der DRB plädiert in diesem Zusammenhang für verbindliche Zusagen gegenüber den Bewerbern, dass zB gegen den Willen des Assessors keine Versetzung in einen anderen LG-Bezirk erfolgt.

Versetzungen und Abordnungen von Proberichtern greifen zwar in die persönliche Unabhängigkeit ein. Sie sind aber nicht verfassungswidrig, da *Art. 97 Abs. 2 GG* nur die Unabhängigkeit der verplanten Richter auf Lebenszeit schützt.* Auch liegt **kein Verstoß gegen *Art. 6 EMRK*** vor, der ein faires Verfahren vor unabhängigen Gerichten garantiert. Denn der begrenzte Einsatz von Proberichtern stellt nicht die Unabhängigkeit der Gerichte in Frage, an denen die Richter auf Probe tätig sind.**

Über die **Verwendung des Richters auf Probe** entscheidet die Justizverwaltung unter Beachtung des *§ 13 DRiG* nach Ermessen. Sie bestimmt, zu welcher Zeit und bei welchem Gericht, bei welcher Behörde der Gerichtsverwaltung oder bei welcher Staatsanwaltschaft der Richter auf Probe beschäftigt werden soll. Erst nach der Zuweisung an ein konkretes Gericht und für den Fall, dass der Richter auf Probe Aufgaben der Rechtsprechung wahrnehmen soll, unterliegt er der **Geschäftsverteilungskompetenz des Präsidiums** (vgl. *§§ 21 a ff. GVG*).***

Das Ermessen der Justizverwaltung ist aber dann in unzulässiger Weise überschritten, wenn die vorgesehene Verwendung des Proberichters dem **Zweck des Proberichterverhältnisses** – den Richter zu erproben und festzustellen, ob er zur Anstellung als Richter auf Lebenszeit in der für ihn vorgesehenen Gerichtsbarkeit geeignet ist (vgl. *§ 12 Abs. 1 DRiG*) – zuwiderläuft. Jede Verwendung des Proberichters muss daher zB eine

---

* BVerwG, Urteil vom 26.09.1996 – 2 C 39.95, NJW 1997, 1248; *Schmidt-Räntsch*, § 13, Rn. 3.

** *Schmidt-Räntsch*, § 13, Rn. 3.

*** BVerwG, Urteil vom 26.09.1996 – 2 C 39.95, NJW 1997, 1248. Das Bundesverwaltungsgericht hat in der Entscheidung auch klargestellt, dass es sich bei einer Verwendungsentscheidung – anders als bei der Ernennung zum Richter – nicht um einen Verwaltungsakt, sondern um eine rein organisatorische Maßnahme ohne Außenwirkung handelt. Statthafte Klage gegen eine Verwendungsentscheidung ist somit die allgemeine Leistungsklage.

angemessene Zeitspanne umfassen; der Richter muss die Gelegenheit haben, sich einzuarbeiten und zu zeigen, dass er ein bestimmtes richterliches bzw. staatsanwaltliches Dezernat bewältigt.*

» *Weitere Beschränkungen der richterlichen Unabhängigkeit*

Nicht nur bei Richtern auf Probe, sondern bei allen Rechtsformen des Richterdienstes wird die Unabhängigkeit der Richter durch das **Dienstaufsichtsrecht** sowie das **Disziplinarrecht** beschränkt. Die Dienstaufsicht hat dabei die Aufgabe darüber zu wachen, ob der Richter seinen Amtspflichten nachkommt. Gemäß *§ 26 Abs. 2 DRiG* umfasst die Dienstaufsicht – solange nicht die richterliche Unabhängigkeit beeinträchtigt wird – auch **die Befugnis**, „die ordnungswidrige Art der Ausführung eines Amtsgeschäfts vorzuhalten und zu ordnungsgemäßer, unverzögerter Erledigung der Amtsgeschäfte zu ermahnen".

Dienstaufsicht vs. Unabhängigkeit des Richters

Zwischen Maßnahmen der Dienstaufsicht und der immer zu wahrenden richterlichen Unabhängigkeit besteht stets ein Spannungsverhältnis. Deutlich wird dies bei dem medial viel diskutierten Fall des „faulen Richters":

Schulte-Kellinghaus ist Richter am Oberlandesgericht Karlsruhe. Die ehemalige OLG-Präsidentin Hügel hatte seine Erledigungszahlen mit dem Pensum anderer Richter am OLG Karlsruhe verglichen und kritisiert, Schulte-Kellinghaus unterschreite das durchschnittliche Erledigungspensum "ganz erheblich und jenseits aller großzügig zu bemessenden Toleranzbereiche". In den Jahren 2008 bis 2010 habe seine Erledigungsleistung nur etwa 68 % der von anderen OLG-Richtern in diesem Zeitraum durchschnittlich erledigten Verfahren

* Vgl. *Schmidt-Räntsch*, § 13, Rn. 8.

entsprochen. 2011 habe er sogar weniger Verfahren als ein Halbtagsrichter erledigt. Die ehemalige Präsidentin sprach daraufhin eine Ermahnung im Sinne des *§ 26 Abs. 2 DRiG* aus.

Der Richter Schulte-Kellinghaus klagte gegen die Ermahnung, da er darin einen Eingriff in seine richterliche Unabhängigkeit sah. Das baden-württembergische Dienstgericht und der Dienstgerichtshof beim OLG Stuttgart bestätigten die Ermahnung der Präsidentin. Der BGH hob dann aber die Entscheidungen auf und verwies die Sache zur erneuten Verhandlung an den Dienstgerichtshof zurück. Trotz der Rückverweisung betonte der BGH in seiner Entscheidung, dass grundsätzlich ein Richter zu ordnungsgemäßer, unverzögerter Erledigung seiner Amtsgeschäfte ermahnt werden darf. Unzulässig wäre die Ermahnung nur, wenn von einem Richter ein Pensum abverlangt wird, dass allgemein, also auch von anderen Richtern, nicht mehr sachgerecht erledigt werden kann.

Nachdem der Dienstgerichtshof und in der Folge auch der BGH die Klage von Schulte-Kellinghaus abgewiesen hatten, erhob er gegen diese Entscheidungen Verfassungsbeschwerde. Das BVerfG nahm diese nicht zur Entscheidung an, da der Richter die Möglichkeit einer Verletzung seiner richterlichen Unabhängigkeit nicht substantiiert dargelegt habe.

Bestandteil des (zulässigen) Dienstaufsichtsrechts sind **dienstliche Beurteilungen**, die bei Richtern auf Probe sowie auch Richtern auf Lebenszeit erstellt werden. Solche dienstlichen Beurteilungen finden ihre Rechtfertigung darin, dass die **Eignung des jeweiligen Richters** in regelmäßigen Abständen überprüft werden soll.*

* Bei Proberichtern entscheiden die dienstlichen Beurteilungen letztlich darüber, ob eine Ernennung zum Richter auf Lebenszeit erfolgt; bei Richtern, die bereits auf Lebenszeit ernannt worden sind, entscheiden die Beurteilungen maßgeblich darüber, ob ein Richter für eine Beförderungsstelle berücksichtigt wird.

Bei schwerwiegenden Verfehlungen eines Richters gegen Pflichten aus dem Richterdienstverhältnis greift schließlich das **Disziplinarrecht**. Um eine Überprüfung von Disziplinarmaßnahmen zu ermöglichen, sind sowohl auf Bundes- als auch auf Landesebene Dienstgerichte einzurichten.

» *Grundsatz der Inkompatibilität*

Nach dem Gebot der Inkompatibilität darf niemand in der rechtsprechenden Gewalt und der vollziehenden Gewalt gleichzeitig tätig werden. Dieser Grundsatz gilt nach *§ 4 Abs. 1 DRiG* auch für Richter und findet seine Begründung in der **nach *Art. 20 Abs. 2 GG* geschützten Gewaltenteilung**. Nicht gegen die Inkompatibilität verstößt es aber, wenn ein Beamter als Richter kraft Auftrags tätig wird, da in diesem Fall sein Beamtenverhältnis (dauerhaft) ruht. Ebenfalls stellt es **keinen Verstoß gegen den Grundsatz der Inkompatibilität** dar, wenn ein Richter – auf seinen Antrag hin – an eine Verwaltungsbehörde wie zum Beispiel das Justizministerium abgeordnet wird.

Darüber hinaus darf ein Richter nach *§ 4 Abs. 2 DRiG* neben seinem Amt als Richter insbesondere Aufgaben in der **Gerichtsverwaltung sowie Prüfungsangelegenheiten** wahrnehmen. Gemäß *§ 42 DRiG* kann ein Richter sogar gegen seinen Willen zu einer Nebentätigkeit in der Gerichtsverwaltung sowie in der Rechtspflege verpflichtet werden. Zur Rechtspflege im Sinne dieser Vorschrift zählen allerdings **nicht Tätigkeiten als AG-Leiter oder als Mitglied in einer Prüfungskommission**. Diese Tätigkeiten kann also ein Richter übernehmen; einen Richter hierzu gegen seinen Willen zu verpflichten, ist dagegen nicht zulässig.*

* Vgl. *Schmidt-Räntsch*, § 42, Rn. 8; OVG NRW, Urteil vom 18.05.2018 – 1 A 1745/16; Laut einer Entscheidung des Bundesgerichtshofs zählt allerdings die allgemeine Referendarausbildung am Arbeitsplatz zu den Nebentätigkeiten in der Gerichts-

Unbenommen bleibt es einem Richter schließlich, **Abgeordneter der gesetzgebenden Gewalt** zu werden. Gemäß *§ 36 Abs. 2 DRiG* „enden dann das Recht und die Pflicht zur Wahrnehmung des Richteramts“. Nach Ende des Mandats im Bundestag oder einem Landtag muss der Richter binnen drei Monaten einen Antrag auf **Rückführung in das frühere Dienstverhältnis** stellen, um wieder als Richter auf Lebenszeit tätig werden zu können (*§§ 6 Abs. 2, 8 Abs. 1 Abgeordnetengesetz*).

» *Weitere Pflichten von Richtern*

Die weiteren sich aus dem Richterverhältnis resultierenden **Rechte und Pflichten** ergeben sich aus dem Deutschen Richtergesetz sowie – subsidiär – aus den entsprechend anzuwendenden Vorschriften des Beamtenrechts. Zu den wesentlichen im Deutschen Richtergesetz normierten Pflichten zählen die **Pflicht zur Eidesleistung** (*§ 38 DRiG*), die Pflicht zur **Wahrung der Unabhängigkeit** (*§ 39 DRiG*[*]) sowie die Pflicht, über den Hergang bei der Beratung und Abstimmung auch nach Beendigung des Dienstverhältnisses zu schweigen (*§ 43 DRiG*).

Schließlich ist es Richtern nach *§ 41 DRiG* zwar erlaubt, kostenlosen Rechtsrat zu erteilen; das Erstatten außerdienstlicher Rechtsgutachten sowie das **Erteilen entgeltlicher Rechtsauskünfte** sind Richtern aber verboten.

---

verwaltung im Sinne des § 42 DRiG, zu der ein Richter also verpflichtet werden kann - BGH, Urteil vom 08.05.1989 – RiZ (R) 6/88, NJW 1989, 426, 427.

[*] § 39 DRiG lautet: „Der Richter hat sich innerhalb und außerhalb seines Amtes, auch bei politischer Betätigung, so zu verhalten, dass das Vertrauen in seine Unabhängigkeit nicht gefährdet wird.“

Das Dienstverhältnis des Staatsanwalts

Die Arbeit als Staatsanwalt stellt keine richterliche Tätigkeit dar. Verfassungsrechtlich gehört die **Staatsanwaltschaft daher zur Exekutive**.* Sofern Staatsanwälte nicht als Richter auf Probe eingestellt und bei der Staatsanwaltschaft eingesetzt werden, sind sie **grundsätzlich Beamte**. Und selbst wenn ein Staatsanwalt den Status eines Richters auf Probe innehat, kann er sich aufgrund seiner staatsanwaltlichen Tätigkeit nicht auf die richterliche Unabhängigkeit berufen.

Im Rahmen der Exekutive ist die Staatsanwaltschaft aber eine „**Institution sui generis**", da sie nicht wie andere Behörden verwaltet, sondern auf Rechtsprechung hinarbeitet und zusammen mit dem Richter auf dem strafrechtlichen Gebiet **die Aufgabe der Justizgewährung** übernimmt.** Gerade wegen ihrer besonderen, dem Richter angenäherten Stellung bezieht *§ 122 DRiG* Staatsanwälte zumindest teilweise in das Richterdienstrecht ein. Trotz dieser Norm sind für das Dienstverhältnis der Staatsanwälte hauptsächlich **die Beamtengesetze** – ergänzt um die besonderen **Vorschriften der *§§ 141 ff. GVG*** – maßgebend.

» Behördenaufbau und Dienstbezeichnungen

Staatsanwaltliche Aufgaben werden in den Fällen des *§ 120 GVG* durch die **Generalbundesanwaltschaft als Bundesbehörde** wahrgenommen; in allen anderen Fällen werden die **Staatsanwaltschaften der Länder** tätig.

---

* BVerfG, Urteil vom 20.02.2001 – 2 BvR 1444/00, NJW 2001, 1121,1123; *Schmidt-Räntsch*, § 25, Rn. 13; *Meyer-Goßner/Schmitt*, Vor § 141 GVG, Rn. 6.

** *Meyer-Goßner/Schmitt*, Vor § 141 GVG, Rn. 7: „In diesem Sinne ist die Staatsanwaltschaft ein der dritten Gewalt zugeordnetes Organ der Rechtspflege".

Gemäß *§ 141 GVG* soll zur Wahrnehmung der Aufgaben grundsätzlich an jedem Gericht eine Staatsanwaltschaft bestehen. Faktisch ist es aber so, dass bei **jedem Landgericht bzw. Oberlandesgericht** eine Staatsanwaltschaft bzw. Generalstaatsanwaltschaft eingerichtet ist. Bei **Amtsgerichten** gibt es nur in Ausnahmefällen eine Nebenstelle der Staatsanwaltschaft.

Ein **Geschäftsverteilungsplan** regelt die Aufteilung der anfallenden Arbeit. Zuständig für die Bearbeitung ist grundsätzlich ein allgemeines **Dezernat eines Staatsanwalts**, wenn nicht für die mögliche Straftat die Zuständigkeit eines Sonderdezernats besteht.* Mehrere Dezernate werden zu einer **Abteilung** zusammengefasst, die von einem **Oberstaatsanwalt** als Abteilungsleiter (AL) geführt wird. Bei großen Staatsanwaltschaften wird aus mehreren Abteilungen eine Hauptabteilung gebildet, der ebenfalls ein Oberstaatsanwalt als Hauptabteilungsleiter (HAL) vorsteht. Dienstlicher Vorgesetzter der Abteilungsleiter ist der **Behördenleiter**, der die Bezeichnung **Leitender Oberstaatsanwalt** führt.

Amtsbezeichnung	**Funktion**
Generalbundesanwalt beim Bundesgerichtshof	Leiter der Bundesanwaltschaft
Bundesjustizminister	Leiter des übergeordneten Ministeriums

* Jedes Bundesland hat hinsichtlich der Organisation und des Dienstbetriebs der Staatsanwaltschaft eine Anordnung erlassen („OrgStA"). In dieser Anordnung sind die üblicherweise zu bildenden Sonderdezernate aufgelistet. Hierzu zählen zB die Sonderdezernate für Jugendsachen, Betäubungsmitteldelikte, Wirtschaftsstrafsachen, Sexualstraftaten und Brandstiftungsdelikte.

Amtsbezeichnung	**Funktion**
Staatsanwalt	Leiter eines (Sonder-)Dezernats
*Oberstaatsanwalt (AL)**	Leiter einer Abteilung
Oberstaatsanwalt (HAL)	Leiter einer Hauptabteilung
Leitender Oberstaatsanwalt	Leiter der Anklagebehörde am jeweiligen Landgericht
Generalstaatsanwalt	Leiter der übergeordneten Behörde am OLG
Justizminister des Landes	Leiter des übergeordneten Ministeriums

Gemäß *§ 142 Abs. 1 Nr. 3 GVG* werden an Amtsgerichten die Aufgaben der Staatsanwaltschaft auch durch sogenannte **Amtsanwälte** wahrgenommen.** Die Zuständigkeit der Amtsanwälte ist dabei auf Strafsachen beschränkt, die vor einem Strafrichter verhandelt werden.

* In Baden-Württemberg und Niedersachsen können offenbar auch Staatsanwälte Leiter von Gruppen und Abteilungen werden, die dann die Dienstbezeichnung „Erster Staatsanwalt" innehaben.

** Grundsätzlich sind Amtsanwälte Teil der Staatsanwaltschaften. Abweichend hiervon sind aber laut der jeweiligen Internetseiten die Amtsanwaltschaften in Berlin und Frankfurt am Main eigenständige Behörden.

Amtsanwälte werden vorwiegend bei Diebstahls- und Betrugsdelikten, bei Verkehrsstraftaten und Körperverletzungsdelikten eingesetzt.* Wie auch ein Staatsanwalt **leiten sie das Ermittlungsverfahren** und entscheiden auf Grundlage der geltenden Gesetze über die **Anklage oder Einstellung** des Verfahrens. Kommt es zur Anklage, vertreten Amtsanwälte die Staatsanwaltschaft in der **Hauptverhandlung** vor dem Strafrichter (oder auch dem Jugendrichter). Sie stellen Anträge und halten am Ende einer Verhandlung ein Schlussplädoyer.

Tipp: Amtsanwalt statt Staatsanwalt werden

Sofern die Examensnoten nicht dazu ausreichen, sich erfolgreich als Staatsanwalt zu bewerben, man aber – auch unter Inkaufnahme eines geringeren Gehalts – unbedingt staatsanwaltlich tätig werden möchte, sollte man sich informieren, ob die Möglichkeit besteht, als Amtsanwalt eingestellt zu werden.

Grundsätzlich ist die Amtsanwaltschaft eine Sonderlaufbahn innerhalb des gehobenen Justizdienstes. Voraussetzungen für eine Einstellung sind eine abgeschlossene Rechtspflegerausbildung, eine Zusatzausbildung inkl. Studium an der Fachhochschule für Rechtspflege und das Bestehen der schriftlichen und mündlichen Abschlussprüfungen. In manchen Ländern werden aber auch Volljuristen als Amtsanwälte eingestellt.** Die Einstellungsvoraussetzungen liegen dabei

* In allen Ländern – mit Ausnahme von Bayern, wo offenbar keine Amtsanwälte eingesetzt werden – findet sich in der „OrgStA“ des jeweiligen Landes ein Katalog von Straftaten, die ein Amtsanwalt bearbeiten darf.

** NRW: Nach § 1 Abs. 2 APOAA-NRW kann „ausnahmsweise auch ernannt werden, wer die zweite juristische Staatsprüfung bestanden hat“. Baden-Württemberg: Nach § 9 Abs. 1 AGGVG-BW ist – auch – „zum Amtsanwalt befähigt, wir die Befähigung zum Richteramt besitzt“. Und auch in Hamburg werden Volljuristen als Amtsanwälte eingestellt.

hinsichtlich der Examensnoten deutlich niedriger als die bei Staatsanwälten.

» *Legalitätsprinzip und eingeschränktes Weisungsrecht*

Die Besonderheit der Staatsanwaltschaft als Anklagebehörde im Vergleich zu anderen Behörden der Exekutive ist das **Legalitätsprinzip**. Danach ist die Staatsanwaltschaft verpflichtet, bei Kenntniserlangung von einer möglichen Straftat jeden in Betracht kommenden Verdächtigen strafrechtlich zu verfolgen bzw. – wenn die Voraussetzungen hierfür gegeben sind – anzuklagen. **Gesetzlich verankert** ist das Legalitätsprinzip in *§ 152 Abs. 2 StPO*.*

Gemäß *§ 146 GVG* haben Staatsanwälte „den **dienstlichen Anweisungen ihres Vorgesetzten** nachzukommen“. Auch wenn die Vorschrift zur Weisungsgebundenheit (formal) weit und ausnahmslos formuliert ist, ist das Weisungsrecht (materiell) gerade durch das Legalitätsprinzip eingeschränkt: Eine Weisung, die dem Prinzip des Verfolgungszwangs und Anklagezwangs zuwiderläuft, ist unzulässig. Die Begründung für die **Begrenzung der Weisungsgebundenheit** – gegen den eigentlich eindeutigen Wortlaut des *§ 146 GVG* – liegt darin, dass auch die Dienstvorgesetzten dem Legalitätsprinzip verpflichtet sind.**

---

* Die Durchsetzung des Legalitätsprinzips wird durch strafrechtliche Vorschriften wie zB § 344 StGB (Strafbarkeit bei Verfolgung Unschuldiger), § 345 StGB (Strafbarkeit wegen der Vollstreckung einer Strafe gegen Unschuldige) sowie §§ 258, 258a StGB (Vereitelung der Bestrafung Schuldiger) gewährleistet.

** Vgl. *Schmidt-Räntsch*, § 122, Rn. 3, m.w.N.

Unterschieden wird zwischen externen und internen Weisungen einerseits sowie allgemeinen und auf den Einzelfall bezogenen Weisungen andererseits: Gemäß *§ 147 Nr. 2 GVG* zählen zu den Vorgesetzten der Staatsanwälte der Länder die Landesjustizverwaltungen. Der Landesjustizminister kann also hinsichtlich aller staatsanwaltlichen Beamten sein **externes Weisungsrecht** geltend machen. Kommt die Weisung dagegen aus der staatsanwaltlichen Behörde selbst, zB indem der Leitende Oberstaatsanwalt dem mit der Sache betrauten Staatsanwalt eine Anweisung erteilt, handelt es sich um die Ausübung eines **internen Weisungsrechts** gemäß *§ 147 Nr. 3 GVG*. Findet sich die Weisung in Richtlinien wie der MiStra oder der RiStBV spricht man von **allgemeinen Weisungen**; wird dagegen einem bestimmten Staatsanwalt in einem konkreten Verfahren eine Vorgabe gemacht, handelt es sich um eine **einzelfallbezogene Weisung**.

» Diskussion zur Einschränkung des ministeriellen Weisungsrechts

Spätestens seit dem medial viel beachteten Fall des Generalbundesanwalts Harald Range im Jahr 2015[*] gibt es eine Diskussion darüber, inwieweit die Staatsanwaltschaft **frei von ministeriellen Weisungen** agieren können muss. Diskutiert wird zum einen die Frage, ob der **Status des politischen Beamten für den Generalbundesanwalt** entfallen sollte mit der Folge, dass dieser nicht mehr aus rein politischen Entscheidungen heraus und

[*] Der Generalbundesanwalt Range hatte gegen zwei Journalisten der Plattform netzpolitik.org ein Ermittlungsverfahren wegen Verdachts auf Landesverrat durch Veröffentlichung von Dokumenten mit dem Status „Verschlusssache (VS-Vertraulich)" eingeleitet und ein externes Gutachten angefordert. Bundesjustizminister Maas wies den Generalbundesanwalt an, die Erstellung dieses Gutachtens zu stoppen. Nachdem der Generalbundesanwalt äußerte, die Weisung sei erfolgt, um ein politisch nicht gewünschtes Ergebnis zu verhindern, wurde er am selben Tag vom Bundesjustizminister in den einstweiligen Ruhestand versetzt.

gegen seinen Willen nach *§ 54 Abs. 1 Nr. 5 BBG* in den einstweiligen Ruhestand versetzt werden kann.* Zum anderen wird gefordert, durch Änderung der *§§ 146, 147 GVG* – zumindest – **externe Weisungen im Einzelfall abzuschaffen**, um eine politische Einflussnahme in Bezug auf bestimmte Verfahren vollends auszuschließen.**

Europarechtliche Dimension der Diskussion um die Unabhängigkeit der deutschen Staatsanwaltschaft

In einer 2019 ergangenen Entscheidung hat der EuGH die Ansicht vertreten, die deutsche Staatsanwaltschaft sei nicht unabhängig genug von ministeriellen Weisungen, sodass es ihr nicht gestattet sei, europäische Haftbefehle auszustellen.*** Die Folge dieses Urteils ist, dass die Staatsanwaltschaften in Deutschland derzeit keine Europäische Haft-

* So weiterhin die Forderung des Deutschen Richterbunds, Wegfall des ministeriellen Weisungsrechts für Strafverfahren, Positionspapier vom 11.09.2018; *Rebehn*, DRiZ 2015, S. 286 f; *Venohr*, DRiZ 2015, S. 302.

** Vgl. *Trentmann*, ZIS 2/2016, S. 134 m.w.N; laut Roland Rechtsreport 2019 (S. 61) sind auch 86 % der Staatsanwälte für eine Abschaffung des Weisungsrechts im Einzelfall. Für die Beibehaltung des Weisungsrechts spricht sich dagegen der Deutsche Anwaltverein aus mit Hinweis darauf, dass die Staatsanwaltschaften als Teil der Exekutive zwingend den Weisungen der Landesjustizverwaltungen unterliegen müssen, um nicht eine „Demokratielücke" entstehen zu lassen: „Es muss jemand gegenüber dem Parlament die Verantwortung für Maßnahmen und Entscheidungen der Staatsanwaltschaft tragen. Und dies sind die Justizminister." – DAV, Pressemitteilung vom 05.08.2015.

*** EuGH, Urteil vom 27.05.2019 – C-508/18. Gegenstand dieses Verfahrens war die Frage, ob eine deutsche Staatsanwaltschaft eine „Justizbehörde" im Sinne des Art. 6 Abs. 1 des Rahmenbeschlusses 2002/584/JI ist. Denn nur einer solchen „Justizbehörde" ist es gestattet, einen europäischen Haftbefehl auszustellen.

befehle ausstellen können; hierfür ist vielmehr bis zu einer gesetzlichen Neuregelung die Unterschrift eines Richters erforderlich.

» Eingeschränktes Weisungsrecht bei Sitzungsvertretung

Umstritten ist zudem die Frage, ob **dem Staatsanwalt als Sitzungsvertreter** für seine Ausführungen und Anträge in der Hauptverhandlung Weisungen erteilt werden dürfen. Dies ist zumindest für die Würdigung von Beweisen sowie für Ausführungen zur Strafzumessung abzulehnen, da diese von dem Ergebnis der Beweisaufnahme selbst und der strafprozessualen Verhandlung abhängen. Zulässig bleiben dagegen Weisungen des Dienstvorgesetzten, die **rein rechtliche Fragen** – wie zB die Frage nach der Einlegung von Rechtsmitteln – betreffen.[*]

» Verhalten bei (vermeintlich) rechtswidriger Weisung

Ist ein Staatsanwalt der Ansicht, dass eine Weisung – wegen Verstoßes gegen das Legalitätsprinzips – rechtswidrig erfolgt ist, hat er die **Pflicht zur Remonstration** nach *§ 36 Abs. 2 BeamtStG* beim unmittelbaren Dienstvorgesetzten. Wird die Weisung aufrechterhalten, ist der Staatsanwalt aber dennoch von der Rechtswidrigkeit der Weisung überzeugt, muss er sich mit seinen Bedenken an den nächst höheren Vorgesetzten wenden. Wird auch dann an der Weisung festgehalten, sollte der Staatsanwalt zur Vermeidung eines (vermeintlich) eigenen strafbaren Verhaltens die Weisung nicht befolgen und die **weitere Sachbehandlung** dem Dienstvorgesetzten gegenüber **ablehnen**.

[*] Vgl. *Meyer-Goßner/Schmitt*, § 146 GVG, Rn. 4; *Beining*, ZJS 6/2015, S. 549. Aus diesem Grund ist es auch rechtlich zulässig, Rechtsreferendaren zu verbieten, in Strafverfahren den Verzicht auf Rechtsmitteln zu erklären.

Die Behördenleiter beim OLG und LG sind darüber hinaus nach *§ 145 Abs. 1 GVG* von sich aus befugt, die **Sache dem Staatsanwalt zu entziehen** und selbst zu bearbeiten (Devolutionsrecht) oder zur Bearbeitung an einen anderen Staatsanwalt zu delegieren (Substitutionsrecht).*

» Bindung der Staatsanwaltschaft an höchstrichterliche Rechtsprechung?

Das Weisungsrecht und damit das Handeln des Staatsanwalts werden nicht nur durch das Legalitätsprinzip beschränkt. Diskutiert wird, ob die Staatsanwaltschaft hinsichtlich ihrer Entscheidungen auch an **höchstrichterliche Rechtsprechung gebunden** ist. Vertreten werden bezüglich dieser Rechtsfrage viele verschiedene Ansichten. Vorzugswürdig erscheint die Auffassung, dass ein Staatsanwalt nicht an einer Anklage gehindert ist, wenn er ein Verhalten entgegen der aktuellen Rechtsprechung für strafbar hält. Hält der Staatsanwalt dagegen anders als die Rechtsprechung ein Verhalten für straflos, wird er **verpflichtet sein**, Anklage zu erheben, um auf eine einheitliche Rechtsprechung hinzuwirken.**

» Weitere Rechte und Pflichten eines Staatsanwalts

Neben der Pflicht, grundsätzlich Weisungen der Vorgesetzten zu befolgen, sind bei den weiteren Rechten und Pflichten die **Zeichnungsbefugnis** sowie die **Vortragspflichten** hervorzuheben. Unter der Zeichnungsbefugnis versteht man das Recht, Verfügungen, Erklärungen und Anträge selbst zu unterzeichnen. Abgesehen von Zeichnungsvorbehalten im Einzelfall besteht gerade für **Assessoren bzw. Richter auf**

* Vgl. *Heghmanns/Hermann*, Rz. 29.

** So auch *Meyer-Goßner/Schmitt*, Vor § 141 GVG, Rn. 11, mit Hinweis darauf, dass bei unterschiedlicher Rechtsauffassung innerhalb der Staatsanwaltschaft die Rechtsansicht des Dienstvorgesetzten entscheidend ist.

Probe, die nur zeitweise bei der Staatsanwaltschaft eingesetzt werden, während ihrer Einarbeitungsphase ein nur **beschränktes Zeichnungsrecht**. In diesem Zeitraum müssen sie alle Verfügungen einem Gegenzeichner vorlegen.

In wichtigen Verfahren bestehen darüber hinaus im Einzelfall oder bereits laut Geschäftsverteilungsplan **Vortragspflichten der Staatsanwälte gegenüber ihrem Vorgesetzten** bzw. dem Behördenleiter. Die Vortragspflicht kann ihren Grund in der Bedeutsamkeit der Sache haben oder aber darin begründet sein, eine einheitliche Handlungsweise der Anklagebehörde in vergleichbaren Situationen zu gewährleisten.*

Besoldung von Richtern und Staatsanwälten

Trotz der aufgezeigten Unterschiede zwischen dem Richterverhältnis und dem staatsanwaltlichen Dienstverhältnis werden Richter und Staatsanwälte **einheitlich besoldet**. Für beide Berufsgruppen gilt die R-Besoldung, die sich jeweils in den Besoldungsgesetzen der Länder findet.

» Zuständigkeit für die Besoldung

Bis zum Jahre 2006 war die Besoldung der Richter und Staatsanwälte sowohl auf Bundes- als auch auf Landesebene **einheitlich im Bundesbesoldungsgesetz** geregelt. Im Zuge der **Föderalismusreform im Jahre 2006** wurde die Zuständigkeit für die Besoldung der Beamten, Richter und Staatsanwälte der Bundesländer auf die Länder selbst übertragen. Aus der konkurrierenden Gesetzgebung, die der Bund durch das BBesG in Verbin-

* In dieser praktisch bedeutsamen Vortragspflicht der Staatsanwälte findet der strafrechtliche Aktenvortrag in der mündlichen Prüfung im 2. Examen seine Rechtfertigung.

dung mit der Bundesbesoldungsordnung vollständig ausgeübt hatte, wurde dann eine **originäre Zuständigkeit der Länder**.

» Besoldung nach dem jeweiligen Landesbesoldungsgesetz

Die Besoldung der Richter und Staatsanwälte richtet sich nach dem **Besoldungsgesetz für das jeweilige Bundesland.** In diesem Landesbesoldungsgesetz finden sich zum einen als Anlage die Besoldungsgruppen in der Landesbesoldungsordnung R und zum anderen die Grundgehaltssätze der jeweiligen Besoldungsgruppen.

Je nach Funktion bei Gericht bzw. Staatsanwaltschaft gehört man einer bestimmten **Besoldungsgruppe** an.

Ämter der jeweiligen Besoldungsgruppe am Beispiel Niedersachsen*

R1	Richter/in am Amtsgericht / Arbeitsgericht / Landgericht / Sozialgericht / Verwaltungsgericht Erster Staatsanwalt, erste Staatsanwältin Staatsanwältin, Staatsanwalt

* Die Auflistung der Ämter nach Besoldungsgruppe ist vereinfacht dargestellt. Jedes Amt ist nur in der niedrigsten möglichen Besoldungsgruppe aufgeführt. Zum Beispiel gehört ein Direktor des Amtsgerichts grundsätzlich der Besoldungsgruppe R2 an; an einem Gericht mit 20 oder mehr Richterplanstellen wird ein Direktor am Amtsgericht aber bereits nach R3 besoldet. Eine Leitende Oberstaatsanwältin bei einem Landgericht ist in der Besoldungsgruppe R3 eingruppiert; leitet sie aber eine Staatsanwaltschaft bei einem LG mit 41 bis 80 Planstellen, richtet sich die Besoldung nach R4; bei einem LG mit mehr als 80 Planstellen wird die Leitende Oberstaatsanwältin sogar nach R5 vergütet.

R2	Richter/in am Finanzgericht / Landessozialgericht / Oberlandesgericht / Oberverwaltungsgericht Direktor/in des Amtsgerichts / Arbeitsgerichts / Sozialgerichts Vorsitzende/r Richter/in am Landgericht / Verwaltungsgericht Vizepräsident/in des Amtsgerichts / Arbeitsgerichts / Landgerichts / Sozialgerichts / Verwaltungsgerichts Oberstaatsanwältin, Oberstaatsanwalt
R3	Vorsitzende/r Richter/in am Finanzgericht / Landesarbeitsgericht / Landessozialgericht / Oberlandesgericht / Oberverwaltungsgericht Präsident/in des Amtsgerichts / Arbeitsgerichts / Landgerichts / Sozialgerichts / Verwaltungsgerichts Vizepräsident/in des Finanzgerichts / Landesarbeitsgerichts / Landessozialgerichts / Oberlandesgerichts / Oberverwaltungsgerichts Leitende Oberstaatsanwältin / leitender Oberstaatsanwalt
R4	[...]
R5	Generalstaatsanwältin, Generalstaatsanwalt
R6	Präsident/in des Landesarbeitsgerichts / Landessozialgerichts / Oberlandesgerichts / Finanzgericht / Oberverwaltungsgericht
R7	----
R8	[...]

Innerhalb der Besoldungsgruppen richtet sich die Höhe der Vergütung von Richtern und Staatsanwälten nicht mehr nach dem Lebensalter, sondern **nach Erfahrungsstufen**.* Für Richter in Nordrhein-Westfalen ergibt sich beispielsweise folgende Vergütungstabelle:

Erfahrungsstufen – Teil 1

	1	2	3	4	5	6
R1		4.560,88	4.663,00	4.926,48	5.190,01	5.453,47
R2			5.293,75	5.557,23	5.820,74	6.084,26
R3	8.421,98					
R4	8.909,07					
R5	9.467,89					
R6	9.995,61					
R7	10.508,92					
R8	11.043,97					

Erfahrungsstufen – Teil 2

	7	8	9	10	11	12
R1	5.716,97	5.980,48	6.243,97	6.507,49	6.770,93	7.034,48
R2	6.347,75	6.611,23	6.874,75	7.138,28	7.401,72	7.665,18

* Die Eingruppierung der Richter auf Probe erfolgt in NRW grundsätzlich auf der Erfahrungsstufe 2. Für die Besoldungsgruppen R3 bis R8 gibt es keine Einteilung nach Erfahrungsstufen.

Eine Eingruppierung als Berufseinsteiger auf einer höheren Erfahrungsstufe ist möglich, setzt aber eine für den Beruf **anrechenbare Vorqualifizierung** voraus. Tätigkeiten, die bei der Eingruppierung zu berücksichtigen sind, sind zum Beispiel die **vorherige Arbeit als Rechtsanwalt** oder die Ausbildung zum Rechtspfleger vor Beginn des Jurastudiums.

Tätigkeit als Flugbegleiter als Vorerfahrung?

Der Einstieg auf einer höheren Erfahrungsstufe ist grundsätzlich möglich, wenn eine zuvor ausgeübte Tätigkeit für den Erwerb der nach *§ 9 Nr. 4 DRiG* notwendigen sozialen Kompetenz förderlich war. Genau aus diesem Grund begehrte ein Richter auf Probe, der vor und während seines Studiums als Flugbegleiter gearbeitet hatte, die Eingruppierung auf eine höhere Besoldungsstufe. Das Verwaltungsgericht Berlin gab dem Richter auf Probe sogar in erster Instanz Recht. In zweiter Instanz vor dem OVG Berlin-Brandenburg und auch beim Bundesverwaltungsgericht unterlag er dann aber. Das BVerwG stellte klar, dass nicht jede berufliche Tätigkeit, die zwangsläufig mit einem Kontakt zu anderen Menschen verbunden ist, als Erfahrungszeit ausreicht – insbesondere nicht solche Tätigkeiten, bei denen dieser soziale Umgang den anderen Menschen nur ausschnittsweise, in einer begrenzten sozialen Funktion und Situation, zB als Kunde, betrifft. Vielmehr müsse die Vortätigkeit einen Bezug zum Beruf des Richters aufweisen.[*]

Das Grundgehalt steigt im Abstand von in der Regel **zwei Jahren** bis zum Erreichen des Endgrundgehalts. In planbaren, regelmäßigen Abständen erreicht man also die nächst höhere Erfahrungsstufe.

[*] BVerwG, Urteil vom 22.09.2016 - 2 C 29.15, DÖV 2017, 257.

» Zulagen zum Grundgehalt

Justizjuristen erhalten nach den Landesbesoldungsgesetzen der Länder bei Vorliegen der Voraussetzungen einen **Familienzuschlag**. Für dauerhaft übernommene herausgehobene Funktionen gewähren viele Länder eine sogenannte **Amtszulage**. Unter welchen Voraussetzungen und in welcher Höhe eine Amtszulage gezahlt wird, ergibt sich aus den Landesbesoldungsordnungen R. So erhält man zB in NRW als Direktor/in eines Amtsgerichts eine Amtszulage von 247,30 €, als Direktor/in eines großen Amtsgerichts mit 24 oder mehr Planstellen sogar in Höhe von 370,95 € im Monat. Schließlich sehen die Besoldungsgesetze weitere Zahlungen vor, wie zB **Stellenzulagen** sowie **vermögenswirksame Leistungen**.

» R-Besoldung im Vergleich zur Privatwirtschaft

Schaut man sich die Zahlen an, muss man konstatieren: Als Richter oder Staatsanwalt wird man sich wahrscheinlich **kein Ferienhaus auf Sylt** leisten können. Die Wahrheit ist aber auch: Am Hungertuch nagen muss man als Jurist in der Justiz auch nicht!

Dass die **Schere der Einstiegsgehälter** beim Vergleich von – gleich gut qualifizierten – Justizjuristen mit Großkanzleianwälten und Unternehmensjuristen in den letzten Jahren immer weiter auseinander gegangen ist, hatten wir bereits oben dargelegt.* Trotz alledem muss man beim **Vergleich der Bruttogehälter** von Richtern und Staatsanwälten mit Juristen in der freien Wirtschaft gleich aus mehreren Gründen vorsichtig sein:

- Aufgrund des Beschäftigungsanspruchs und der Alimentierung der Staatsbediensteten gehen von der Brutto-Besoldung der Richter

* Vgl. Einleitung (S. 10 ff.).

und Staatsanwälte **keine Pflichtbeiträge zur Arbeitslosen- und Rentenversicherung** ab.

- Richter und Staatsanwälte sind im Krankheitsfall **beihilfeberechtigt**. Das bedeutet, dass das Land NRW einen Teil der anfallenden Kosten im Falle einer Erkrankung übernimmt.*
- Aufgrund der Beihilfeberechtigung muss sich ein Richter bzw. Staatsanwalt nur hinsichtlich der übrigen Kosten privat krankenversichern. Die **Kosten für die private Krankenversicherung** fallen daher deutlich geringer aus als bei Juristen in der Privatwirtschaft.
- Richter und Staatsanwälte sind vollalimentiert und erhalten nach Eintritt in den Ruhestand eine Pension. Diese **Pensionsansprüche** fallen in aller Regel deutlich höher aus als die Ansprüche der gesetzlichen Rentenversicherung von Juristen mit vergleichbarem Einkommen.

Mag also das Brutto-Gehalt von Justizjuristen sowohl beim Berufseinstieg als auch am Karriereende deutlich geringer erscheinen als das Brutto-Gehalt von Juristen, die als Anwälte oder in Rechtsabteilungen der Unternehmen arbeiten, so fällt der **Unterschied beim Netto-Gehalt** – unter Berücksichtigung auch der Pensionsansprüche – **tatsächlich niedriger** aus.

Zudem muss natürlich der Umstand berücksichtigt werden, dass man von der Richter-Besoldung in ländlichen Regionen besser leben kann als in den Ballungsgebieten eines Landes. Denn anders als bei den Löhnen in

---

* In den meisten Bundesländern beträgt der Beihilfesatz grundsätzlich 50 %. Hat der Beihilfeberechtigte zwei Kinder, steigt der Satz auf 70 %. Kosten für die Behandlung von Kindern des Richters bzw. Staatsanwalts werden vom Land zu 80 % erstattet. In manchen Ländern gibt es aber sogenannte „Kostendämpfungspauschalen", sodass der Beihilfeberechtigte als Art Selbstbeteiligung einen Mindestbetrag der eigentlich vom Land übernommenen Beihilfe selbst zahlen muss.

der Privatwirtschaft, die solche **Differenzen bei der Höhe der aufzubringenden Lebenshaltungskosten** durchaus widerspiegeln, wird im Rahmen der R-Besoldung nicht danach unterschieden, an welchem Ort oder in welcher Region der Richter bzw. Staatsanwalt tätig ist.

» Die Besoldung in den 16 Bundesländern im Vergleich

Der Deutsche Richterbund führt in regelmäßigen Abständen **Vergleichsrechnungen** hinsichtlich der Besoldung von Richtern und Staatsanwälten bei Start in den Justizdienst durch.* Für einen 27-jährigen ledigen Richter bzw. Staatsanwalt der Besoldungsgruppe R1 ergeben sich deutschlandweit folgende **Brutto-Vergütungen pro Monat**:

	Vergütung pro Monat
Baden-Württemberg	4.688,64 Euro
Bayern	4.901,46 Euro
Berlin	4.667,26 Euro
Brandenburg	4.559,81 Euro
Bremen	4.484,47 Euro
Hamburg	4.725,88 Euro
Hessen	4.413,06 Euro

* Die Vergleichsrechnungen sind auf der Seite https://www.richterbesoldung.de abrufbar. Stand der zuletzt durchgeführten Musterberechnung ist der 31.12.2021.

Mecklenburg-Vorpommern	4.440,87 Euro
Niedersachsen	4.543,17 Euro
Nordrhein-Westfalen	4.560,88 Euro
Rheinland-Pfalz	4.400,73 Euro
Saarland	4.257,19 Euro
Sachsen	4.459,58 Euro
Sachsen-Anhalt	4.379,45 Euro
Schleswig-Holstein	4.620,77 Euro
Thüringen	4.350,34 Euro

Unter Zugrundelegung dieser Zahlen liegt die **durchschnittliche Besoldung** der Richter und Staatsanwälte in Deutschland im Eingangsamt derzeit bei **4.528,35 € brutto monatlich**.

Rückkehr zur bundeseinheitlichen Besoldung?

Gerade wegen der zum Teil deutlich unterschiedlichen Bezahlung der Richter und Staatsanwälte in den einzelnen Bundesländern wird inzwischen vom Deutschen Richterbund gefordert, zu einer bundeseinheitlichen Besoldung der Justizjuristen zurückzukehren. Dies sei das beste Rezept, „um ein Besoldungssystem zu kurieren, in dem Einkommensunterschiede zwischen einzelnen Ländern zur Normalität gehöre".*

* Vgl. hierzu *Rebehn*, DRiZ 2015, S. 198.

Wieviel „**Netto vom Brutto**" übrigbleibt, kann pauschal nicht beantwortet werden. Neben dem Bundesland, in dem man als Richter oder Staatsanwalt tätig ist, hängt dies von vielen **weiteren (persönlichen) Faktoren** ab, wie insbesondere der Lohnsteuerklasse, dem Familienstand und der ggf. bestehenden Kirchensteuerpflicht.

» Besoldung deutscher Richter und Staatsanwälte im Vergleich zu anderen EU-Ländern

Interessant ist schließlich ein Vergleich der Einstiegsbesoldung junger deutscher Richter und Staatsanwälte mit der Entlohnung von jungen Richtern und Staatsanwälten in anderen **mitteleuropäischen Ländern**:*

	Richter		**Staatsanwälte**	
	Brutto-Lohn	**Q****	**Brutto-Lohn**	**Q****
Belgien	69.595 €	1,6	69.595 €	1,6
Dänemark	129.319 €	3,4	53.249 €	1,4
Deutschland	48.319 €	0,9	48.319 €	0,9
Finnland	62.370 €	1,5	49.896 €	1,2
Frankreich	46.491 €	1,3	46.491 €	1,3

* Quelle der Daten: European judicial systems – Edition 2020 (2018 data), Part 1, S. 67 ff.

** Quotient des Brutto-Lohns der Richter bzw. Staatsanwälte im Verhältnis zum durchschnittlichen Brutto-Lohn des jeweiligen Landes.

Irland	120.500 €	3,1	31.096 €	0,8
Italien	55.751 €	1,9	55.751 €	1,9
Niederlande	76.440 €	1,3	76.440 €	1,3
Norwegen	115.970 €	2,1	60.746 €	1,1
Österreich	52.860 €	1,5	56.384€	1,6
Portugal	35.208 €	2,1	35.208 €	2,1
Spanien	48.369 €	2,1	48.369 €	2,1
Schweden	73.270 €	1,7	56.988 €	1,4
Schweiz	143.282 €	2,0	114.625 €	1,6
UK - England	124.394 €	3,7	36.982 €	1,1
UK - Schottland	154.044 €	4,0	34.659 €	0,9

Auffällig ist zunächst, wie unterschiedlich die **nominale Vergütung** ausfällt: Während ein Richter in Frankreich nur 46.491 € brutto verdient, erhält ein Richter in Schottland zu Beginn seiner Karriere mehr als das Dreifache – nämlich 154.044 €.

Und auch wenn man das **Lohnniveau des jeweiligen Landes** mitberücksichtigt, werden Richter in Europa sehr unterschiedlich bezahlt: Ein Richter in Norwegen erhält 2,1 Mal so viel vom durchschnittlichen Brutto-Lohn des Landes; in Deutschland dagegen werden junge Probe-Richter nach den vorliegenden Zahlen sogar geringer als der Durchschnitts-Brutto-

Lohn besoldet, was zu einem Faktor von 0,9 führt.* Gerade wenn man die Vergütung der Richter und Staatsanwälte ins **Verhältnis zur Vergütung der Bevölkerung eines Landes** setzt, muss man feststellen, dass in vielen anderen europäischen Ländern die Arbeit von Richtern und Staatsanwälten – zumindest von der eindeutigen Tendenz her und ausdrücklich nur auf die finanziellen Aspekte bezogen – deutlich mehr geschätzt wird als in Deutschland.

Nicht zwingend gleiche Bezahlung von Richtern und Staatsanwälten

Ein ebenfalls interessantes Ergebnis der Studie ist, dass es neben Deutschland zwar viele Länder gibt, die Richter und Staatsanwälte gleich entlohnen. Gerade die nordeuropäischen Länder wie zB Dänemark, Schweden und Norwegen, entlohnen die Staatsanwälte zum Zeitpunkt des Berufseinstiegs signifikant schlechter als junge Richter.

* In der Studie wird explizit darauf hingewiesen, dass das hohe Lohnniveau der Richter in Irland (3,1), UK – England (3,7) und UK – Schottland (4,0) zumindest teilweise darauf zurückzuführen ist, dass die Richter in diesen Ländern aus erfahrenen Juristen rekrutiert werden, die schon Jahre lang zum Beispiel als Anwälte tätig waren.

Abschnitt 3

» Anforderungsprofile und Bewerbung als Richter und Staatsanwalt

Wer ist eigentlich aus Sicht des Staates **optimal dafür geeignet**, sich (erfolgreich) für den Justizdienst zu bewerben? Viele Justizministerien der Länder haben per Verfügung oder als Bekanntmachung **sogenannte „Anforderungsprofile“** für Richter bzw. Staatsanwälte veröffentlicht, in denen die Kriterien aufgelistet sind, die man als Bewerber für den Staatsdienst aufweisen sollte.*

Anforderungsprofile von Richtern und Staatsanwälten

Anforderungsprofile für Richter- und Staatsanwaltsämter beschreiben **Kenntnisse, Fähigkeiten, Eigenschaften und Verhaltensweisen**, die jeder Richter und jeder Staatsanwalt vorweisen sollte, um das Amt bei Gericht bzw. der Staatsanwaltschaft sachgerecht ausüben zu können. Laut Veröffentlichung des Justizministeriums NRW „ermöglichen Anforderungsprofile den systematischen **Abgleich zwischen dem Persönlichkeits- und dem Stellenprofil** und bilden die Grundlage für ein differenziertes, objektives und transparentes Beurteilungssystem. [...] Sie dienen einer Annäherung an das Ideal der richtigen und gerechten Personalentscheidung. [...] Die Festlegung von Anforderungsprofilen und deren Offenlegung schafft zugleich für alle Beteiligten ein **Mehr an Transparenz** und für die Betroffenen damit auch an **Akzeptanz**“.**

---

* Neben Nordrhein-Westfalen haben zumindest auch die Länder Bayern, Bremen, Rheinland-Pfalz und Sachsen solche Anforderungsprofile veröffentlicht. Inhaltlich unterscheiden sie sich kaum. Aufgrund der Ausführlichkeit legen wir unserer Darstellung die für Nordrhein-Westfalen veröffentlichten Anforderungsprofile für Richter und Staatsanwälte zugrunde.

** Anforderungsprofile für Richter sowie Staatsanwälte des Landes Nordrhein-Westfalen, S. 3.

Bedeutung der Anforderungsprofile

Wichtig ist es, sich die Bedeutung der Anforderungsprofile für das Bewerbungsverfahren klarzumachen: Sowohl die Sichtung der Bewerbungsunterlagen als auch die Fragen in dem konkreten Bewerbungsgespräch zielen darauf ab zu überprüfen, inwieweit der jeweilige Bewerber den aufgestellten fachlichen, sozialen und persönlichen – in den Anforderungsprofilen aufgelisteten – Kriterien entspricht. Man sollte daher die wichtigsten Hauptmerkmale und Einzelkriterien im gesamten Bewerbungsprozess im Hinterkopf behalten.

Die Anforderungsprofile gehen von einem **einheitlichen Bild** des Richteramtes einerseits und des staatsanwaltlichen Amtes andererseits aus und sind daher inhaltlich weitestgehend deckungsgleich. Für Bewerber ist das **sogenannte „Basisprofil"** entscheidend. Dieses gilt für alle Justizjuristen – und zwar in allen Gerichtsbarkeiten und im Staatsanwaltsdienst.

» Basisprofil für Richter und Staatsanwälte in NRW

Das Basisprofil* ist zunächst untergliedert in **vier Hauptmerkmale**:

I. Sach- und Fachkompetenz
II. Persönliche Kompetenz
III. Soziale Kompetenz
IV. Führungs- und Leitungskompetenz

Diesen Hauptmerkmalen zugeordnet sind **Einzelkriterien**, die wiederum mit durch in Klammern gesetzte Ausformungen versehen sind. Diese Ausformungen sind jedoch lediglich als **beispielhafte Erscheinungsformen**

* Die folgende Darstellung des Basisprofils haben wir auf die in unseren Augen wichtigsten Punkte für Bewerber als Richter auf Probe beschränkt.

eines Kriteriums anzusehen. Weder sind die genannten Beispiele abschließend, noch sind sie zwingend vorausgesetzte Ausprägungen des jeweiligen Kriteriums. Die Ausformungen sollen vielmehr eine **Hilfe für die Personalverantwortlichen** darstellen, um das Vorliegen einer Kompetenz des Bewerbers zu beurteilen.

I. Sach- und Fachkompetenz:

1. Fachliche Qualifikation[*]

(verfügt über breit gefächerte Kenntnisse im Zivil- und Strafrecht sowie die Fähigkeit zu ihrer praxisgerechten Anwendung; beherrscht die juristische Methodenlehre; kann selbständig neue Rechtsgebiete erschließen; kann Sachverhalte schnell erfassen und Wesentliches von Unwesentlichem unterscheiden; arbeitet strukturiert und gründlich; besitzt gutes Urteilsvermögen und Judiz; hat Verständnis für fachübergreifende Zusammenhänge)

2. Berufliche Motivation und Amtsverständnis[**]

(hat konkrete Vorstellungen vom Richterberuf; ist sich über "Licht und Schatten" des Berufs im Klaren; die Bewerbung ist durch Inhalte der

[*] Die fachliche Qualifikation hat man mit der Endnote des Ersten und Zweiten Staatsexamen belegt. Fachliche Fragen werden daher im Bewerbungsgespräch eher selten gestellt.

[**] Das Kriterium der „beruflichen Motivation und des Amtsverständnisses" ist eines der wichtigsten Kriterien, mit denen man sich im Vorfeld des Einstellungsgesprächs auseinandergesetzt haben sollte. Denn die Frage, warum man gerade Richter oder Staatsanwalt werden möchte, wird mit Sicherheit jedem Bewerber gestellt. Und um auf die Fragen, die auf das Amtsverständnis des Bewerbers abzielen, bestmöglich vorbereitet zu sein, muss man sich ausführlich mit dem Richterdienstverhältnis (Abschnitt 2, S. 45 ff.) und dem staatsanwaltlichen Dienstverhältnis (Abschnitt 2, S. 55 ff.) beschäftigen.

richterlichen Tätigkeit motiviert; ist unparteiisch ohne Ansehung der Person; wahrt Distanz und übt Zurückhaltung; wehrt Einflussnahmen und Einflussmöglichkeiten ab; bedenkt die Auswirkungen des privaten Handelns auf das Amt; ist sich der Unabhängigkeit bewusst)

3. Argumentations- und Überzeugungsfähigkeit

(formuliert klar und verständlich; argumentiert schlüssig und methodisch korrekt; begründet eingehend, individuell und konkret; zeigt sich aufgeschlossen gegenüber Einwänden und setzt sich argumentativ mit ihnen auseinander*)

*4. Verhandlungs- und Vernehmungsgeschick***

(hat Einfühlungsvermögen, nimmt Rücksicht auf persönliche Fähigkeiten und Schwächen; beruhigt, hat Verständnis, unterstützt, zeigt Sensibilität und ist geduldig - schafft eine konstruktive und vertrauensvolle Atmosphäre; tritt in der Verhandlung sicher und höflich auf; erkennt die Möglichkeiten für gütliche Einigungen und fördert sie)

II. Persönliche Kompetenz:

1. Selbstsicherheit und Selbstreflexion

* Man muss in allen Bewerbungsgesprächen mit Einwänden und Widerspruch durch sein Gegenüber rechnen – bis hin zu einem konfrontativ geführten Stressinterview. Entsprechend der Ausformung des Kriteriums im Anforderungsprofil sollte man auch auf zum Teil unsachlich geübter Kritik an der eigenen Antwort ruhig bleiben und versuchen, die Einwände argumentativ zu entkräften.

** Das Vorliegen von „Verhandlungs- und Vernehmungsgeschick“ wird in einem Bewerbungsgespräch insbesondere durch Rollenspiele geprüft, indem konkrete Situationen in einer zivilrechtlichen oder strafrechtlichen Verhandlung mit dem Bewerber als Richter oder Staatsanwalt „durchgespielt“ werden.

(ist emotional kontrolliert, besonnen und bewahrt die Ruhe; steuert eigenes Verhalten auch in kritischen Situationen; ist zur Selbstreflexion fähig; kennt eigene Stärken und Schwächen und baut aktiv erkannte Defizite selbständig ab*)

2. *Pflicht- und Verantwortungsbewusstsein*

(ist sich der gesellschaftlichen Verantwortung und Vorbildfunktion bewusst; kann Folgen von Entscheidungen abschätzen; bindet ehrenamtliche Richter gleichberechtigt ein; setzt personelle und sächliche Ressourcen effizient ein; ist aufgeschlossen für die Belange der anderen Justizangehörigen)

3. *Einsatzbereitschaft und Belastbarkeit*

(ist psychisch und physisch belastbar und kennt die eigenen Grenzen; ist zur Übernahme zusätzlicher Aufgaben bereit; hält Druck stand und bewahrt Ruhe; ergreift Initiative; zeigt Hilfsbereitschaft)

4. *Entschlusskraft und Entscheidungsbereitschaft*

(trifft Entscheidungen zügig und eigenverantwortlich; scheut sich nicht vor notwendigen Auseinandersetzungen)

5. *Innovationsbereitschaft und Flexibilität*

(ist aufgeschlossen gegenüber neuen Arbeitstechniken und -methoden sowie offen für die Modernisierung der Justiz**; nimmt neue Erfahrungen

* Auch die „Klassiker-Frage" nach den aus Sicht des Bewerbers bestehenden Stärken und Schwächen wird in sehr vielen Einstellungsgesprächen gestellt.

** Nicht nur in der Anwaltschaft (Stichwort „Legal-Tech"), sondern auch bei den Gerichten und der Staatsanwaltschaft wird die technische Modernisierung vorangetrieben. So soll zB die Justiz in NRW ab dem Jahr 2025 papierlos arbeiten. Im

auf und entwickelt neue Ideen und Lösungen; reagiert auf Situationsveränderungen; ist bereit, sich in unterschiedliche Gerichts- und Behördenstrukturen einzubinden)

III. Soziale Kompetenz:

1. *Teamfähigkeit*

(ist aufgeschlossen für die Belange der anderen Justizangehörigen; stellt - insbesondere mit der Serviceeinheit - ein positives Arbeitsklima her; spricht Probleme an und sucht nach Lösungen; integriert sich; zeigt Hilfsbereitschaft)

2. *Kommunikationsfähigkeit, Auftreten und Souveränität*[*]

(geht auf andere zu; hört aktiv zu und lässt ausreden; drückt sich klar und verständlich aus; findet den richtigen Ton und Zugang zu den Beteiligten; erläutert Handlungen und Absichten; ist zugewandt und hält Blickkontakt; verfügt über natürliche Autorität; tritt sicher und mit guten Umgangsformen souverän und gelassen auf; vertritt eigene Positionen standhaft, ohne sich Gegenargumenten zu verschließen; kann sich behaupten)

3. *Konflikt- und Vermittlungsfähigkeit*

(bedenkt Argumente Anderer und ist kompromissbereit; verhält sich fair und kollegial und fordert dies auch ein; streitet und kritisiert konstruktiv;

Bewerbungsgespräch sollte man ja nicht auf die Idee kommen, sich gegenüber diesen neuen Entwicklungen kritisch zu äußern.

[*] In manchen Bundesländern gibt es noch Gruppendiskussionen bzw. Thesenvorträge. Diese Abschnitte des Bewerbungsverfahrens dienen dazu, das Vorliegen der Kriterien des Hauptmerkmals „Kommunikationsfähigkeit“ zu prüfen.

weicht notwendigen Entscheidungen nicht aus; ermittelt Konfliktgründe; bezieht klare Positionen; wirbt um Verständnis und gleicht aus)

IV. Führungs- und Leitungskompetenz:

(gibt Rückmeldung über Arbeitsergebnisse; traut Anderen etwas zu; stellt - insbesondere mit der Serviceeinheit* - ein positives Arbeitsklima her; gibt klare Anweisungen; fordert Mitwirkung ein; ist aufgeschlossen für die Belange der Mitarbeiter)

» Gesamtschau aller Kriterien entscheidend

Liest man sich die gewünschten Kriterien eines jungen Richters auf Probe bzw. Staatsanwalts durch, muss man zum Ergebnis kommen, dass sich der Staat – in charakterlicher Hinsicht – nichts anderes als **eine „eierlegende Wollmilchsau"** wünscht. Selbstverständlich kann aber kein Bewerber als Berufsanfänger schon alle Eigenschaften auf gleich hohem Niveau besitzen.

Klarstellend sei daher darauf hingewiesen, dass die Anforderungsprofile lediglich die **idealtypische Qualifikation eines Bewerbers** beschreiben. Bewerber können die genannten Kriterien erfahrungsgemäß nur annäherungsweise mit unterschiedlicher Ausprägung erfüllen. In einem Bewerbungsgespräch ist es für Bewerber aus diesem Grunde möglich, weniger entwickelte oder sogar fehlende Kriterien durch andere stärker ausgeprägte Eigenschaften **zu kompensieren**. Bei den Bewerbungsgesprächen für die Einstellung als Richter auf Probe geht es darum

* Auch Konfliktsituationen mit Mitarbeitern in der Serviceeinheit des Richters sind oft Gegenstand von Rollenspielen im Rahmen des Vorstellungsgesprächs.

festzustellen, wer **in der Gesamtschau** den Anforderungen aus dem Basisprofil am ehesten gerecht wird.*

Grundsätzliches zur Bewerbung als Richter auf Probe bzw. Staatsanwalt

Zuständig für die Bearbeitung der Bewerbungen für den Justizdienst sind – je nach Bundesland – die **Justizministerien oder die Oberlandesgerichte**. Sofern Interesse am Bewerbungsverfahren eines bestimmten Bundeslandes besteht, empfehlen wir als erstes einen Blick auf unsere Infoseiten zur Richtereinstellung (www.juristenkoffer.de/richter/). Dort haben wir die wichtigsten **Infos nach Ländern sortiert** dargestellt und aktualisieren die dort abrufbaren Informationen regelmäßig.

» *Bewerbungsfristen*

In nahezu allen Bundesländern ist es ganzjährig möglich, sich als Proberichter für den höheren Justizdienst zu bewerben und eingestellt zu werden. Bewerbungsfristen müssen regelmäßig **nicht eingehalten** werden.

Abweichend von diesem Grundsatz werden die Stellen **in Bremen** explizit auf der Internetseite https://www.karriere.bremen.de ausgeschrieben. Ist dort eine Stellenausschreibung für Richter bzw. Staatsanwälte zu finden, muss die **in der Ausschreibung genannte Bewerbungsfrist** zwingend eingehalten werden.

Eine Sonderregelung besteht zudem **in Bayern**: Dort werden zwar **stets qualifizierte Bewerber** zur Einstellung in das Richterverhältnis auf Probe gesucht; man kann sich also zu jedem Zeitpunkt für eine Einstellung

---

* Vgl. dazu Anforderungsprofile für Richter sowie Staatsanwälte des Landes Nordrhein-Westfalen, S. 6.

als Richter auf Probe bewerben. Die Einstellung der Nachwuchskräfte erfolgt allerdings **in zwei Einstellungsterminen jährlich**, die sich jeweils an die Zweite Juristische Staatsprüfung in Bayern anschließen. Jede dieser beiden Einstellungsrunden dauert in der Regel **vier bis sechs Monate**. Verpasst man zeitlich einen der Einstellungstermine, wird die eigene Bewerbung also erst in der darauffolgenden Einstellungsrunde berücksichtigt. Dann muss man **zwangsläufig mit einer gewissen Wartezeit** bei der Bearbeitung der Bewerbung rechnen.

Bewerbung vor der mündlichen Prüfung

In vielen Ländern wird ausdrücklich darauf hingewiesen, dass man sich auch bereits vor der mündlichen Prüfung für den höheren Justizdienst bewerben kann, wenn die Ergebnisse der Klausuren erwarten lassen, dass man die vom Land für eine Bewerbung aufgestellte Notengrenze für das 2. Staatsexamen voraussichtlich erreichen wird. Hat man schriftlich sehr gut gepunktet und den Berufswunsch Richter oder Staatsanwalt, sollte man sich einfach mit dem Ansprechpartner im Ministerium bzw. OLG in Verbindung setzen und das weitere Prozedere besprechen.

» *Bewerbungsunterlagen*

Die für eine Bewerbung **einzureichenden Unterlagen** variieren im Detail von Bundesland zu Bundesland, sodass man die konkret erforderlichen Unterlagen auf der jeweiligen Seite des Justizministeriums bzw. Oberlandesgericht recherchieren muss. In der Regel gehören **folgende Dokumente** zu den Bewerbungsunterlagen:

- ein formloses Anschreiben bzw. Motivationsschreiben;
- ein tabellarischer oder ausführlicher Lebenslauf;
- die Vorlage einer bestimmten Anzahl an Lichtbildern;

- eine Ablichtung des Abiturzeugnisses;
- je eine Ablichtung beider Staatsexamina;
- eine Kopie der Bescheinigung über die Einzelnoten in der zweiten juristischen Staatsprüfung;
- eine Bescheinigung der deutschen Staatsbürgerschaft bzw. Kopie des Personal- oder Reisepasses;
- eine Erklärung des Einverständnisses zur Hinzuziehung der Personalakte aus dem Referendariat;
- eine Einverständniserklärung zur Datenspeicherung.

Daneben stellen die Ministerien bzw. OLGs oftmals **weitere Formulare zum Download** bereit, die man unterschreiben und der Bewerbung beilegen muss. Hierzu zählen beispielsweise Erklärungen zu Vorstrafen bzw. anhängigen Strafverfahren, Erklärungen zu **den wirtschaftlichen Verhältnissen des Bewerbers** und die Belehrung und Erklärung über die Pflicht zur Verfassungstreue.

Ob auch Kopien sämtlicher **Arbeitsgemeinschaft- und Stationszeugnisse** zu den obligatorischen Bewerbungsunterlagen zählen, wird von den Ländern sehr unterschiedlich gehandhabt. Diesbezüglich muss man sich vorab online informieren und nur ggf. Kopien beilegen.

» Ortswünsche

Oftmals sollen Bewerber bereits im Anschreiben bzw. in Bewerbungsformularen angeben, auf welche Gerichtsbarkeit sich die Bewerbung beziehen soll und ob **in örtlicher Hinsicht Wünsche bestehen**. Hinsichtlich der Ortswünsche gilt: Wenn man nicht gerade fabelhafte Examensergebnisse vorweisen kann, sollte man in den Bewerbungsunterlagen deutlich machen, dass man auch in bei Bewerbern eher unbeliebten Landgerichtsbezirken eingesetzt werden kann.

Für die **Beschränkung der möglichen Arbeitsorte** auf attraktive LG-Bezirke muss man schon gute Gründe vorbringen können – oder damit leben können, dass man ggf. gerade wegen der nicht erfüllbaren Ortswünsche schließlich nicht als Richter auf Probe eingestellt wird.

» *Grundsätzliche Einstellungsvoraussetzungen*

Die zuständigen Stellen der Länder veröffentlichen auf ihren Internetseiten – neben „weich" formulierten Eigenschaften der Bewerber wie zB Flexibilität, Belastbarkeit, Verhandlungsgeschick und Entschlusskraft – konkrete **Voraussetzungen hinsichtlich der Qualifikation der Bewerber**, die diese (optimalerweise) erfüllen sollen. Diese sehen für die Ordentliche Gerichtsbarkeit derzeit wie folgt aus:

	Grundsätzliche Notenerfordernisse
Baden-Württemberg	beide Examina in der Regel mit mindestens 8,0 Punkten
Bayern	im zweiten Examen mindestens 8,0 Punkte
Berlin	erstes Examen mit mindestens 7,0 und zweites Examen mit mindestens 8,0 Punkten
Brandenburg	Prädikatsexamen; oder im zweiten Examen mindestens 7,5 Punkte sowie besondere persönliche Eigenschaften
Bremen	zweites Examen mit mindestens 8 Punkten und das erste Examen mit der Note „befriedigend"

Hamburg	zwei Examina mit der Mindestnote „vollbefriedigend"
Hessen	zweites Examen mindestens 8 Punkte und in der Summe beider Examina mindestens 16 Punkte
Mecklenburg-Vorpommern	mindestens 8,0 im zweiten Examen und erstes Examen „befriedigend"
Niedersachsen	mindestens 8 Punkte im zweiten Examen
Nordrhein-Westfalen	Prädikat im 2. Examen; oder zumindest mehr als 7,76 Punkte im 2. Examen sowie besondere persönliche Eigenschaften
Rheinland-Pfalz	zweites Examen mit mindestens 8,0 Punkten
Saarland	beide Examina mit mindestens 7,5 Punkten
Sachsen	zweites Examen mindestens 8 Punkte und in der Summe beider Examina mindestens 16 Punkte
Sachsen-Anhalt	beide Examina mit der Note „befriedigend" und in der Summe beider Examina mindestens 16,00 Punkte
Schleswig-Holstein	zwei Prädikatsexamina mit mehr als 9 Punkten

Thüringen	beide Examina mit der Note „befriedigend" und in der Summe beider Examina mindestens 15,00 Punkte

» Besonderheit in Bayern: Umrechnung der Examensnote

Ob man die Notengrenze von 8,00 Punkten im 2. Examen für eine Bewerbung bei der Bayerischen Justiz erreicht hat, können zumindest die Bewerber, die ihr 2. Staatsexamen **außerhalb von Bayern** abgelegt haben, **nicht ohne Weiteres** durch einen Blick auf ihr Examenszeugnis ermitteln. Denn in Bayern gibt es die Besonderheit, dass die Examensergebnisse aus anderen Bundesländern entsprechend der Gewichtung von schriftlichem Examen und mündlicher Prüfung in Bayern umgerechnet werden. Dadurch soll eine tatsächliche **Vergleichbarkeit der juristischen Qualifikation** der Bewerber erreicht werden.

Bayern ist das einzige Bundesland, das die Ergebnisse aus den Klausuren zu 75 % und die Leistungen in der mündlichen Prüfung (nur) zu 25 % in die Examensnote einfließen lässt. Alle anderen Länder haben eine davon **abweichende Gewichtung** der Prüfungsleistungen:

Gewichtung*	**Länder**
Schriftlich: 70 % *Mündlich: 30 %*	Baden-Württemberg, Bremen, Hamburg, Mecklenburg-Vorpommern, Rheinland-Pfalz, Saarland, Schleswig-Holstein

* Innerhalb der Gruppen mit derselben Gewichtung von Klausuren und mündlicher Prüfung unterscheidet sich aber nochmals die Gewichtung von Aktenvortrag und Prüfungsgespräch, die Bestandteile der mündlichen Prüfung sind.

Schriftlich: 66,66 % *Mündlich: 33,33 %*	Sachsen
Schriftlich: 65 % *Mündlich: 35 %*	Nordrhein-Westfalen, Thüringen
Schriftlich: 60 % *Mündlich: 40 %*	Berlin, Brandenburg, Hessen, Niedersachsen, Sachsen-Anhalt

Je geringer die Gewichtung des schriftlichen Examens in dem Bundesland ist, in dem der Bewerber sein Examen abgelegt hat, desto erheblicher wird in aller Regel die Umrechnung des Examensergebnisses ausfallen.

Die **Umrechnung des Examensergebnisses** darf (bzw. muss) man im Vorfeld der Bewerbung nicht selbst machen, sondern erfolgt durch das Bayerische Landesjustizprüfungsamt. Genau aus diesem Grunde müssen diejenigen Bewerber, die ihr 2. Staatsexamen nicht in Bayern abgelegt haben, der Bewerbung eine **Bescheinigung der Prüfungsbehörde über die erreichten Einzelnoten** beifügen. Diese Bescheinigung versetzt das LJPA in die Lage, das Examensergebnis des Bewerbers umzurechnen.

» *Tatsächliche Notenerfordernisse*

Bei den aufgeführten Anforderungen an die Ergebnisse in den beiden Staatsprüfungen handelt es sich in aller Regel **nicht um starre Grenzen**, sondern vielmehr um die Wünsche der Länder, welche fachliche Qualifikationen der Bewerber haben *sollte*.

In vielen Bundesländern kann ein etwas schlechteres Examensergebnis durch **„besondere persönliche Eigenschaften“** ausgeglichen werden. Für das Land Nordrhein-Westfalen ergibt sich aus einer Kleinen Anfrage aus dem Jahr 2017*, dass **insbesondere folgende Punkte** zugunsten des Bewerbers als eine „besondere persönliche Eigenschaft“ gewertet wurden:

- im zweiten Examen „unter Wert geschlagen“
- durch Lebensweg / berufliche Entwicklung nachgewiesene persönliche Fähigkeiten
- besondere Empfehlung des Ausbilders
- Promotion
- Auslandserfahrung
- überdurchschnittliche Leistungen im ersten Examen
- bei Bewerbungen bei den GStA: strafrechtliche Ausrichtung im Studium und Referendariat

Sofern dann eine Berücksichtigung des Bewerbers in Betracht kommt, werden in der Regel **Zusatzqualifikationen** wie zB eine vorige anwaltliche Tätigkeit positiv berücksichtigt.

In tatsächlicher Hinsicht kann man sich auch bei Unterschreiten der offiziellen Notenerfordernissen mit Erfolg als Richter auf Probe bewerben. Wir sammeln seit **Jahren Erfahrungsberichte von Juristen**, die sich als Richter auf Probe oder als Staatsanwalt beworben haben.** Aus diesen Protokollen ergibt sich, dass es sich bei den von den Ministerien bzw. Oberlandesgerichten genannten Einstellungsvoraussetzungen gerade nicht um eine starre Grenze handelt. Im Folgenden listen wir einige Beispiele auf

---

* Antwort der Landesregierung auf die Kleine Anfrage 5586 vom 16.03.2017, Drucksache 16/14219.

** Alle Erfahrungsberichte zur Bewerbung als Richter auf Probe bzw. Staatsanwalt – sowie zum jeweiligen Auswahlverfahren und Bewerbungsgespräch – können nach entsprechender Registrierung auf https://www.juristenkoffer.de/richter/ eingesehen werden. Ausführlich gehen wir auf unser Angebot in Abschnitt 4 ein.

von Kandidaten, die sich in den letzten Monaten **erfolgreich beworben** haben:

	Offizielle Anforderung	**Examensnote des Bewerbers**
Brandenburg (Staatsanwaltschaft)	mind. 7,5 Punkte	6,1 Punkte
Niedersachsen (VerwaltungsGBK)	mind. 8,0 Punkte	7,15 Punkte
Mecklenb.-Vorpommern (Ordentliche GBK)	mind. 8,0 Punkte	7,3 Punkte
Schleswig-Holstein (Ordentliche GBK)	mind. 9,0 Punkte	7,3 Punkte
Sachsen-Anhalt (Staatsanwaltschaft)	befriedigend (Insg,: > 16 Punkte)	befriedigend (15,44 Punkte)
Rheinland-Pfalz (Ordentliche GBK)	mind. 8,0 Punkte	7,45 Punkte
Hessen (Staatsanwaltschaft)	mind. 8 Punkte (Insg,: > 16 Punkte)	7,45 Punkte (16,4 Punkte)
Baden-Württemberg (Ordentliche GBK)	mind. 8 Punkte	7,8 Punkte
Hamburg (Staatsanwaltschaft)	vollbefriedigend	8,01 Punkte

» Beispiel: Quote der Prädikatsjuristen in NRW

Zwar wird laut den Seiten der Oberlandesgerichte ein **Prädikat im zweiten Examen** gewünscht. Aber auch in Nordrhein-Westfalen sind die Zeiten vorbei, in denen ausschließlich Volljuristen mit 9,0 Punkten oder mehr die Möglichkeit hatten, sich erfolgreich als Richter auf Probe zu bewerben. **Ein nicht geringer Anteil** der in den letzten Jahren eingestellten Richter und Staatsanwälte konnte lediglich die Notenstufe **„Befriedigend" im 2. Examen** vorweisen.

	Einstellungen gesamt	Einstellungen mit Prädikat		Einstellungen ohne Prädikat	
		Anzahl	%	Anzahl	%
2016	418	238	56,9	180	43,1
2017	303	194	64,0	109	36,0
2018	330	205	62,1	125	37,9
2019	362	207	57,2	155	42,8

In den letzten vier Jahren wurden deutlich mehr als ein Drittel der jungen Richter und Staatsanwälte **mit einem Examensergebnis unter 9,0 Punkten** eingestellt.*

* Quelle der Daten: Schriftlicher Bericht zu TOP 8 in der 27. Sitzung des Rechtsausschusses des Landtags NRW am 16.01.2019, S. 9 sowie Antwort der Landesregierung auf die Kleine Anfrage 4408 vom 13.10.2020, Drucksache 17/11498. Die Zahlen beziehen sich dabei auf die Einstellungen sowohl in der ordentlichen Ge-

Ergänzende Infos zum Bewerbungsverfahren

Sowohl bei der Sichtung der Bewerbungsunterlagen als auch bei der Einstellungsentscheidung selbst gilt der **„Grundsatz der Bestenauslese"**. Dieses Leistungsprinzip ist verankert in *Art. 33 Abs. 2 GG*: Danach sind bei Ernennungen zu einem öffentlichen Amt (allein) die **Kriterien der Eignung, der Befähigung und der fachlichen Leistung** für die Bewerberauswahl entscheidend. Für die Entscheidung, ob man für ein Vorstellungsgespräch eingeladen wird, kommt es daher maßgeblich auf die fachliche Qualifikation der Bewerber an, also insbesondere auf **die Ergebnisse in den juristischen Staatsexamina** und ggf. ergänzend auf weitere Qualifikationen, die im Rahmen des Bewerbungsverfahrens urkundlich belegt sind.*

» Nicht überlegen, sondern bewerben!

Wichtig ist dabei, dass sich der Grundsatz der Bestenauslese jeweils **auf den Zeitpunkt der Bewerbung** bezieht. Man steht also – gerade was die Examensnoten angeht – im Wettbewerb zu den Juristen, die sich zeitgleich für eine Einstellung als Richter oder Staatsanwalt bewerben. So kann es passieren, dass man in der einen Bewerbungsrunde mit seinen Examensnoten eine Absage erhält, während man in einer späteren Bewer-

richtsbarkeit als auch in den Fachgerichtsbarkeiten sowie auf die Einstellungen in den staatsanwaltlichen Dienst.

* Das Vorliegen des Kriteriums der „sozialen Kompetenz", welches nach § 9 Nr. 4 DRiG – neben dem fachlichen Können – ebenfalls eine Einstellungsvoraussetzung ist, wird dagegen regelmäßig erst im Bewerbungsgespräch selbst geprüft und hat zwar für die Einstellungsentscheidung hohe Relevanz, nicht aber für die Entscheidung, ob der Bewerber überhaupt zu einem Vorstellungsgespräch eingeladen wird.

bungsrunde dagegen eingeladen wird, je nachdem wie gut die Examina der Mitbewerber in der jeweiligen Bewerbungsrunde sind.

Tipp: Langfristiges Einstellungsinteresse signalisieren

Gerade wenn man sich nicht mit Prädikatsexamina als Richter oder Staatsanwalt bewirbt, sollte man im Anschreiben ein langfristiges Einstellungsinteresse äußern mit der Bitte, die Unterlagen ggf. in den Bewerbungspool aufzunehmen und die Bewerbung auch für zukünftige Vorstellungsrunden zu berücksichtigen. Dies unterstreicht zum einen den Wunsch, in jedem Fall Richter bzw. Staatsanwalt werden zu wollen. Zum anderen erhöhen sich für Bewerber mit knappen Examensergebnissen damit die Chancen, zu einem Vorstellungsgespräch eingeladen zu werden, wenn beispielsweise die Einstellungsvoraussetzungen zukünftig sinken und/oder für zukünftige Bewerbungsrunden weniger Bewerbungen eingehen. Von Zeit zu Zeit sollte man sich dann beim zuständigen Sachbearbeiter in Erinnerung rufen, indem man telefonisch nach dem aktuellen Stand und den derzeit geltenden Notenanforderungen für die Einladung zu einem Bewerbungsgespräch fragt.

Auch wenn die eigene Examensnote es unwahrscheinlich erscheinen lässt, in einem bestimmten Bundesland zum Vorstellungsgespräch eingeladen zu werden, gibt es **nur eine richtige Empfehlung**, wenn es der absolute Berufswunsch ist, Richter oder Staatsanwalt zu werden: Auf jeden Fall die Bewerbung zusammenstellen und absenden!

Der zeitliche Aufwand hierfür ist überschaubar; und gerade, weil es immer auf die Examensergebnisse aller Bewerber im jeweiligen Zeitpunkt der Bewerbung ankommt, kann niemand mit Sicherheit sagen, ob die eigenen Examensnoten nicht **doch dazu ausreichen**, zum Vorstellungsgespräch eingeladen zu werden.

» Motivationsschreiben statt „formloses Bewerbungsgesuch"

Die **einzureichenden Unterlagen** unterscheiden sich von Bundesland zu Bundesland im Detail. In manchen Ländern reicht es aus, als Anschreiben ein **formloses Bewerbungsgesuch** mit den wesentlichen Fakten wie Name, Anschrift und Telefonnummer einzureichen. Wir raten aber dringend dazu, statt eines solchen Bewerbungsgesuchs ein **klassisches Anschreiben unter Darlegung der Motivation** zu verfassen, warum man sich als Richter auf Probe bzw. Staatsanwalt bewirbt. Dies hat gleich mehrere Vorteile: Zum einen gibt ein Motivationsschreiben die Gelegenheit auf Aspekte und Qualifikationen im Lebenslauf einzugehen, die auf die **besondere Eignung als Richter bzw. Staatsanwalt** hinweisen. Dies kann zB die Formulierung in einem Stationszeugnis sein, mit der der Ausbilder die seiner Ansicht nach gegebene Befähigung des Referendars für den Justizdienst hervorhebt. Entsprechend der Bezeichnung bietet ein solches Anschreiben auch Raum dafür, den Personalverantwortlichen kurz und prägnant darzulegen, dass der Beruf als Richter oder Staatsanwalt genau die Tätigkeit ist, der man **für den Rest seines Lebens unbedingt nachgehen möchte**. Und schließlich hebt man sich mit einem Motivationsschreiben von den Kandidaten ab, die ein solches für nicht notwendig erachten und daher lediglich ein formloses Bewerbungsgesuch ihren Bewerbungsunterlagen voranstellen.

» Muster eines Motivationsschreibens

Bewerber tun sich oftmals schwer damit, ein aussagekräftiges Motivationsschreiben zu formulieren. Auch wenn ein solches Schreiben **auf den eigenen Lebenslauf zugeschnitten** sein muss und damit sehr individuell ausfällt, bieten wir neben den Erfahrungsberichten online auch eine Vielzahl an Motivationsschreiben von Juristen zur Ansicht an, die sich mit diesen Anschreiben beworben haben. Diese Entwürfe sollen dabei helfen, die notwendige **Inspiration für das eigene Motivationsschreiben** zu erhalten.[*] Ein **Beispiel** für ein von einer Juristin formuliertes Motivationsschreiben drucken wir nachfolgend ab:

Melanie Mustermann
Musterstr. 18
12345 Musterstadt

An den Präsidenten
des Oberlandesgerichts XXX

Bewerbung für den Justizdienst

Sehr geehrte Damen und Herren,

hiermit bewerbe ich mich als Richterin auf Probe in der ordentlichen Gerichtsbarkeit im Oberlandesgerichtsbezirk XXX.

Schon wenn ich als Jugendliche gefragt wurde, was ich einmal werden möchte, war die Antwort immer klar: Richterin. Deshalb habe ich schon in der Schule als Streitschlichterin gearbeitet. Und auch während des Studiums und im Rechtsreferendariat hat sich dieser Wunsch immer weiter verfestigt.

An der Tätigkeit als Richterin in der ordentlichen Gerichtsbarkeit interessiert mich die verantwortungs- und anspruchsvolle Tätigkeit auf den vielfältigen Gebieten des Zivil- und Strafrechts. Insbesondere die

[*] Erfahrungsberichte und Muster für das Anschreiben sind online nach einer Registrierung unter https://www.juristenkoffer.de/richter/ abrufbar; vgl. dazu auch die Ausführungen in Abschnitt 4.

richterliche Unabhängigkeit mit der Möglichkeit, allein auf sachlicher Grundlage entscheiden zu können, fasziniert mich an dem Richteramt. Hierbei kommen mir auch meine Entscheidungsfreude und meine hohe Sozialkompetenz zu Gute.

Neben ausgezeichneten Leistungen in den Arbeitsgemeinschaften und in der praktischen Ausbildung im Rahmen des Referendariats zeichnet mich aus, dass ich für unsere Arbeitsgemeinschaft als Kurssprecherin auch stets eine zuverlässige Ansprechpartnerin war.

Team- und Organisationsfähigkeit sowie Flexibilität, Durchsetzungsvermögen und Ehrgeiz zeichnen mich aus. Ich lerne schnell und kann Aufgaben in eigener Organisation selbstständig erledigen. Diese Stärken würde ich gerne als Richterin einbringen. Zudem habe ich in früheren Aufgaben insbesondere ausgeprägte Kommunikationsstärke, hohes Verantwortungsbewusstsein und souveränes Auftreten unter Beweis stellen können.

Sehr gerne stelle ich meine Qualifikation im Rahmen des weiteren Auswahlverfahrens unter Beweis.

Mit freundlichen Grüßen

Melanie Mustermann

» *Strukturiertes Interview*

Auch wenn das Karriere-Dossier kein Bewerbungsratgeber zum gesamten Assessment-Center bzw. Bewerbungsgesprächs sein kann und soll, möchten wir an dieser Stelle auf die einzelnen **Bestandteile des Gesprächs** in der gebotenen Kürze eingehen. Das **strukturierte Interview** ist dabei in allen Ländern und Gerichtsbarkeiten der wichtigste Bestandteil des gesamten Bewerbungsverfahrens. Das Interview ermöglicht ein intensives Kennenlernen des Bewerbers. Ziel des Gesprächs – sowie der ggf. im Gespräch behandelten Rollenspiele – ist die Überprüfung, ob beim jeweiligen Bewerber **die Kriterien aus dem Anforderungsprofil** eines Richters bzw. Staatsanwalts gegeben sind. Um fachliche Fragen geht es dabei in der Regel nicht, da die (vorhandene) juristische Qualifikation durch die Ergebnisse in den Staatsexamina bereits hinreichend belegt ist. Vielmehr geht es im Bewerbungsgespräch um den **bisherigen Lebensweg** des Bewerbers, die Beweggründe, in der Justiz als Richter bzw. Staatsanwalt arbeiten zu wollen, sowie um die **persönliche und soziale Kompetenz des Bewerbers**.

Um zu bewerten, ob ein Bewerber in ausreichendem Maße dem Anforderungsprofil gerecht wird, arbeiten die Personalentscheider in einigen Bundesländern **mit einem Punktesystem**. So müssen beispielsweise Bewerber in Niedersachsen nachweisen, dass sie über die acht Anforderungsmerkmale

- Leistungsbereitschaft und Belastbarkeit
- Identifikation mit dem Auftrag der Justiz
- Fähigkeit zum Verhandeln und Ausgleich
- Konflikt- und Entschlussfähigkeit
- Kooperationsfähigkeit
- soziales Verständnis
- Gerechtigkeitssinn und
- verantwortungsbewusste Machtausübung

verfügen. Für jedes dieser Merkmale werden 0 bis 2 Punkte vergeben, wobei eine Einstellungszusage erhält, wer mindestens 10 Gesamtpunkte, also **bei zumindest zwei Merkmalen die Höchstpunktzahl** erreicht. Wird ein Bewerber bei einem Merkmal mit 0 Punkten bewertet, erhält er in jedem Fall eine Absage.*

Das Interview beginnt in der Regel mit einer **kurzen Einführung und Vorstellung der teilnehmenden Personen** auf Seiten des Ministeriums bzw. Gerichts. Unmittelbar daran anschließend erhält der Bewerber die Gelegenheit, sich vorzustellen. Wie schon beim Aktenvortrag in der mündlichen Prüfung im 2. Examen ist auch diese **Selbstvorstellung enorm wichtig**, um einen guten ersten Eindruck zu hinterlassen und bei den Personalverantwortlichen zu punkten. Daher sollte man die Vorstellung des eigenen Lebenslaufes im Vorfeld **intensiv proben** und sich vorab Gedanken dazu machen, welche Aspekte des bisherigen Werdegangs gerade im Hinblick auf den zukünftigen Beruf als Richter bzw. Staatsanwalt wichtig sein könnten und daher herausgestellt werden sollten. Die Dauer der Selbstpräsentation sollte **in etwa sieben Minuten** nicht überschreiten.

Fünf Tipps für die Selbstvorstellung

(1) Bei der Präsentation des Lebenslaufs grundsätzlich chronologisch vorgehen.

(2) Klare Schwerpunkte setzen, die man im Rahmen der Darlegung des bisherigen Werdegangs hervorheben möchte.

(3) Wenn möglich Punkte hervorheben, die für den Beruf des Richters bzw. Staatsanwalts von Relevanz sind (Bsp.: Wahlstation beim OLG, Durchführung von Zeugenvernehmungen im Rahmen der Zivilrechtsstation).

(4) Sprechen in freier Rede; dauerhaft Blickkontakt halten; „offene" Körperhaltung.

---

* *Wettich / Endler*, S. 661 ff.

(5) Die Selbstvorstellung gut einprägen, um nach Zwischenfragen im Rahmen der Präsentation nicht ins Stocken zu geraten.

An die Selbstpräsentation schließen sich dann die **Fragen der anwesenden Richter und Staatsanwälte** an. Diese können sich auf den Lebenslauf des jeweiligen Bewerbers beziehen oder allgemein gehalten sein. Stets muss man auch mit (bewusst) kritischen Nachfragen rechnen, die in einem regelrechten **„Stressinterview"** enden können. Ziel einer solchen Gesprächsführung ist es, den Bewerber aus der Reserve zu locken und dessen Verhalten bei zum Teil herber Kritik zu beobachten. Solche Stresssituationen können durch die Personalverantwortlichen geschaffen werden durch zB

- verständnisloses Kopfschütteln auf Antworten des Bewerbers,
- Unterstellungen („Sie wollen doch nur Richter werden, um finanziell abgesichert zu sein") oder
- ständiges Nachfragen zu einem bestimmten Aspekt.

Wir haben in den Protokollen sogar Situationen gefunden, in denen dem Bewerber auf den Kopf zugesagt wird, die Unwahrheit zu sagen.*

Kommt es zu einem Stressinterview, muss man auf jede noch so provokative Frage **ruhig und gelassen reagieren** und seinen bereits geäußerten Standpunkt in anderen Worten nochmals erläutern. Keinesfalls darf man sich zu unangebrachten Reaktionen hinreißen lassen.

* So wurde beispielsweise ein Kandidat gefragt, ob er bereit sei, sein Promotionsvorhaben abzubrechen, um sich vollständig auf den Berufseinstieg als Richter zu konzentrieren. Als er dies bejahte, wurde ihm entgegnet, man glaube ihm schlicht nicht, dass er dies nach einer Einstellung wirklich mache und er nur deshalb so antworte, um eine Einstellungszusage zu erhalten.

Auch auf die wichtigsten allgemeinen Fragen kann und muss man sich bereits im Vorfeld des Bewerbungsgesprächs vorbereiten. Hierzu zählt allen voran die Frage nach der **Motivation des Bewerbers** („Warum wollen Sie Richter / Staatsanwalt werden?"), mit der man sich optimalerweise bereits im Rahmen des Anschreibens befasst hat.

Die zehn häufigsten allgemeinen Fragen

(1) Warum wollen Sie Richter / Staatsanwalt werden?

(2) Warum haben Sie Jura studiert und würden Sie sich erneut für dieses Studium entscheiden?

(3) Nennen Sie bitte drei Stärken und Schwächen.

(4) Welche Eigenschaften sollte ein Richter / Staatsanwalt haben?

(5) Welche Charaktereigenschaften sprechen Ihnen Ihre Freunde / Ihre Familie zu?

(6) Was war Ihr größter Erfolg / Ihre größte Niederlage?

(7) Wo sehen Sie sich in zehn Jahren?

(8) Wie stellen Sie sich Ihren ersten Arbeitstag / die ersten Wochen als Richter bzw. Staatsanwalt vor?

(9) Wie sieht Ihr Plan B aus, falls es mit einer Einstellung als Richter / Staatsanwalt nicht klappen sollte?

(10) Haben Sie noch Fragen?

» *Rollenspiele*

Innerhalb des Interviews muss man auch mit **Rollenspielen** rechnen. Dabei gibt es **zwei Arten**: Entweder soll man sich in eine geschilderte Situation hineinversetzen und erzählen, wie man nun vorgehen würde. Die

Situationen werden in der Folge oftmals durch Abwandlungen oder Ergänzungen verändert. Oder aber der Personalverantwortliche schlüpft tatsächlich in die Rolle eines Zeugen, Mitarbeiters oder Kollegen und es entwickelt sich ein echter Dialog innerhalb des Bewerbungsgesprächs.

Inhaltlich sind den möglichen Rollenspielen **keine Grenzen gesetzt**. Die Vorbereitung sollte sich deshalb darauf konzentrieren, die in den Erfahrungsberichten geschilderten **Rollenspiele zu lesen** und zwei, drei dieser Konstellationen mit einem Freund oder Mitglied der Familie „durchzuspielen".

Die Frage nach der Kenntnis eines bestimmten Rollenspiels

Auch die anwesenden Richter und Staatsanwälte wissen, dass sich die Bewerber akribisch – und anhand von unseren Protokollen – auf das Gespräch vorbereiten. Nach Schilderung einer bestimmten Situation aus dem Alltag eines Richters oder Staatsanwalts wird der Bewerber daher oftmals gefragt, ob er das Rollenspiel bereits kennt. Wir empfehlen dringend, diese Frage wahrheitsgemäß zu beantworten. Es wirkt sicherlich authentischer, zu einem unbekannten Rollenspiel seine Lösung zu entwickeln, statt zu einem bekannten Rollenspiel seine vorbereiteten Antworten zu referieren.

Wichtig ist sich einerseits klarzumachen, dass es **keine „Musterlösung"** für bestimmte Rollenspiele gibt; dies gilt allein deshalb, weil die geschilderten Situationen – je nach Antworten des Bewerbers – unterschiedlich fortentwickelt werden. Anderseits muss man aber im Hinterkopf behalten, dass auch durch diese Rollenspiele Kompetenzen aus dem Anforderungsprofil abgeprüft werden sollen. Dabei besteht bei den Rollenspielen nahezu immer **zwischen zwei oder mehr Kriterien des Anforderungsprofils ein Spannungsverhältnis**. Im Bewerbungsgespräch muss dann deutlich werden, dass man dies erkennt und versucht, einen Ausgleich zu finden, der den Interessen möglichst aller Beteiligter gerecht wird.

Die drei häufigsten Rollenspiel-Situationen

(1) Konflikt mit der Geschäftsstelle

Als Richter bemerken Sie, dass durch die Mitarbeiter Ihrer Geschäftsstelle als dringlich gekennzeichnete Aufgaben erst am darauffolgenden Tag bearbeitet werden. Nachmittags finden aber regelmäßig ausdauernde Kaffeerunden im Büro der Geschäftsstelle statt. Wie verhalten Sie sich?

Kompetenzen aus dem Anforderungsprofil im Spannungsverhältnis:

» ist aufgeschlossen für die Belange der anderen Justizangehörigen; stellt - insbesondere mit der Serviceeinheit - ein positives Arbeitsklima her; spricht Probleme an und sucht nach Lösungen; integriert sich; zeigt Hilfsbereitschaft **versus**

» gibt Rückmeldung über Arbeitsergebnisse; gibt klare Anweisungen; fordert Mitwirkung ein.

(2) Konflikt mit Kollegen

Sie sind Staatsanwalt. Regelmäßig nach dem Mittagessen lässt der Kollege aus dem Nachbarbüro Anrufe auf Ihr Telefon weiterleiten, damit er Zeit findet, in Ruhe seine Akten zu bearbeiten. Während dieser Zeit kommen Sie aber nicht mehr dazu, Ihre Akten zu lesen und Verfügungen zu erlassen. Was tun Sie?

Kompetenzen aus dem Anforderungsprofil im Spannungsverhältnis:

» ist psychisch und physisch belastbar; ist zur Übernahme zusätzlicher Aufgaben bereit; hält Druck Stand und bewahrt Ruhe; ergreift Initiative; zeigt Hilfsbereitschaft **versus**

» bedenkt Argumente Anderer und ist kompromissbereit; verhält sich fair und kollegial und fordert dies auch ein; streitet und kritisiert konstruktiv; weicht notwendigen Entscheidungen nicht aus; ermittelt Konfliktgründe; bezieht klare Positionen; wirbt um Verständnis und gleicht aus

(3) Konflikt mit einem Zeugen

Sie sind Richter und laden einen Zeugen für 10.00 Uhr. Am Tag der Verhandlung dauert die Beweisaufnahme deutlich länger als veranschlagt. Der Zeuge kommt mehrmals in den Gerichtssaal und ist ungehalten, dass er so lange warten muss. Wie reagieren Sie?

Kompetenzen aus dem Anforderungsprofil im Spannungsverhältnis:

» hat Einfühlungsvermögen; beruhigt, hat Verständnis, unterstützt, zeigt Sensibilität und ist geduldig - schafft eine konstruktive und vertrauensvolle Atmosphäre; tritt in der Verhandlung sicher und höflich auf **versus**

» trifft Entscheidungen zügig und eigenverantwortlich; scheut sich nicht vor notwendigen Auseinandersetzungen

Auch bei den Rollenspielen gilt es, sich durch (mehrmals wiederholte) Nachfragen zum vorgeschlagenen Verhalten **nicht aus der Ruhe bringen zu lassen**. In aller Regel kommt es bei den Personalverantwortlichen eher nicht gut an, wenn man auf kritische Nachfragen „wankelmütig" reagiert und seine Reaktion auf eine bestimmte Situation vollständig ändert; vielmehr sollte man seine zuvor geäußerte Antwort nochmals mit anderen Worten begründen und an der getroffenen Entscheidung hinsichtlich seines Verhaltens festhalten.

» Selbsteinschätzung

In manchen Bundesländer ist es üblich, dass der Bewerber **nach Abschluss des Fragenteils** herausgebeten wird und eine Selbsteinschätzung vornehmen soll. Der Kandidat soll selbst bewerten, wie das Interview bis zu diesem Zeitpunkt gelaufen ist, und auf Punkte hinweisen, die seiner Ansicht nach zu kurz gekommen sind.

Was den Inhalt angeht, kann man sich im Vorfeld natürlich nicht auf die Selbsteinschätzung vorbereiten, da dies **maßgeblich vom konkreten Verlauf des Gesprächs abhängt**. Dennoch sollte man versuchen, im Laufe des Gesprächs im Hinterkopf zu behalten, dass es im Rahmen dieser Selbsteinschätzung noch möglich ist, auf gewisse Punkte hinzuweisen, die gar nicht zur Sprache oder vom Gefühl her falsch rübergekommen sind. Speichert man sich solche Aspekte nicht gleich ab, ist es in der Kürze der Zeit sehr schwierig, das bislang stattgefundene Gespräch Revue passieren zu lassen, um so auf relevante Themen zu kommen, die (nochmals) angesprochen werden sollten.

» Besonderheiten in Nordrhein-Westfalen

(1) Gruppendiskussion (ggf. nach Thesenvortrag)

Bei den Assessment-Centern **an den Oberlandesgerichten Köln und Düsseldorf** finden Gruppendiskussionen statt. Wie man sich in einer solchen Gruppendiskussion verhalten soll, gibt es unzählige (dicke) Bewerbungsratgeber. In jedem Fall sind **folgende Selbstverständlichkeiten** zu beachten:

- Es ist darauf zu achten, dass die Gruppe alle Teilnehmer in die Diskussion einbezieht;
- man selbst sollte sich aktiv in die Diskussion einbringen, ohne sich zu sehr in den Vordergrund zu spielen;
- dabei sind eigene Argumente kurz und prägnant vorzubringen;
- optimalerweise geht man zugleich auch auf bereits geäußerte Argumente anderer Teilnehmer in seiner Redezeit ein;

- auch bei gegensätzlichen Ansichten zeigt man sich kompromissbereit und versucht – wenn möglich – einen Kompromiss zu finden und zu formulieren.

Die Bewerbungsratgeber sehen es in aller Regel positiv, wenn man zudem vorschlägt, die **Diskussion zu leiten oder als Schriftführer zu fungieren** und die vorgetragenen Argumente zu sammeln. Beides soll Ausdruck der Eigeninitiative des jeweiligen Bewerbers sein und mutmaßlich deshalb bei den Personalverantwortlichen gut ankommen. Ob man aus diesem Grund in den Wettbewerb unter den Teilnehmern zur Eroberung einer dieser Rollen einsteigt, oder ob man sich einfach auf die rege und möglichst konstruktive Teilnahme an der Diskussion beschränkt, bleibt jedem selbst überlassen.

Vorab: Anrede untereinander klären

Die Teilnehmer an einem Assessment-Center lernen sich bereits im Vorfeld der Gruppendiskussion kennen und duzen sich dann oftmals beim ersten gemeinsamen Kaffee am Morgen. In dem Fall sollte man vorab miteinander besprechen, ob man auch im Rahmen der Gruppendiskussion beim „Du" bleibt oder ob man sich nicht besser siezt und entweder mit dem Nachnamen oder der Bezeichnung Herr Kollege / Frau Kollegin anspricht.

Beim **OLG Hamm** folgen Gruppendiskussionen nach dem Vortrag eines jeden Bewerbers. Da sich die Diskussion auf das präsentierte Thema bezieht, steht mit dem Vortragenden der Leiter der Diskussion – im Unterschied zu einer klassischen Gruppendiskussion – bereits fest. Ansonsten gelten auch für diese **auf den jeweiligen Themenvortrag bezogenen Diskussionen** die oben genannten Tipps und Hinweise.

Auch wenn dies ausdrücklich freigestellt ist, sollte **das Thema des Thesenvortrags** unserer Ansicht nach einen juristischen bzw. rechtspolitischen Anknüpfungspunkt haben. Interessant sind stets Vorträge, die aktuelle Sachverhalte behandeln. Bei der Auswahl sollte man neben seinem eigenen Interesse für das jeweilige Thema auch darauf achten, dass dieses eine **nicht zu spezielle Materie** behandelt, damit auch die übrigen Teilnehmer einen Zugang finden und eine Gruppendiskussion möglich ist, die nicht ins Stocken gerät. Laut den Protokollen wurden **beispielsweise folgende Themen** in der Vergangenheit von den Bewerbern gewählt:

- Strafbarkeit des Selbstdopings;
- die Abschaffung der Kleinstmünzen;
- Grenzen der Pressefreiheit;
- öffentliche Erklärung der AfD zum Prüffall;
- Entkriminalisierung von Schwarzfahren in Deutschland;
- Reform des deutschen Strafzumessungsrechts.

Den ausgearbeiteten Thesenvortrag sollte man wie bei der Vorbereitung auf den Aktenvortrag im 2. Staatsexamen mehrmals – am besten vor Publikum – halten und verinnerlichen. Dabei muss man insbesondere den **Zeitrahmen von 15 Minuten** beachten, da der Vortrag im Assessment-Center nach Ablauf dieser Zeit von der Kommission abgebrochen wird. Auch von der Möglichkeit eines **Handouts** sollte Gebrauch gemacht werden, da dies den eigenen Vortrag für die Mitbewerber (und auch für die Personalentscheider) nachvollziehbarer macht und für die anschließende Gruppendiskussion förderlich ist.

(2) Aktenbock-Übung

Bei der **Bearbeitung des Aktenbocks** geht es darum, in kurzer Zeit viele Akten „quer“ zu lesen und zu notieren, was mit dieser Akte als nächstes zu tun ist. Konkret stehen beim OLG Hamm etwa 45 Minuten für die Bearbeitung von ca. 15 Akten zur Verfügung; beim OLG Köln sind ca. zehn Akten in 30 Minuten zu bearbeiten. Bewerber geraten regelmäßig **bei der Aktenbock-Übung in Zeitnot**, da man es einfach nicht gewohnt ist, den

Inhalt einer Akte in so kurzer Zeit erfassen zu müssen, und sich dann noch über die (richtigen) nächsten Schritte Gedanken zu machen. Dieser zeitliche Druck ist aber gerade gewollt. Bei der Bearbeitung des Aktenbocks muss man sich also von Beginn an zwingen, **schnell zu arbeiten**, um alle Akten angeschaut und zu jeder Akte eine Entscheidung zur weiteren Bearbeitung getroffen zu haben.

Die Akten selbst stammen aus einem **zivilrechtlichen oder strafrechtlichen Dezernat** und können den unterschiedlichsten Verfahrensstand aufweisen. Daneben gibt es „normale" Post wie Umläufe, die lediglich abgezeichnet und weitergeleitet werden. Inhaltliche Tipps zur **Vorbereitung auf die Aktenbock-Übung** können wir nahezu keine geben, da es stets auf die jeweilige Akte ankommt, was zu tun ist.* Zu empfehlen ist aber zunächst, offensichtliche normale Post abzuarbeiten. Das geht schnell und man hat anschließend einen besseren Überblick, wieviel Zeit man zur Bearbeitung der Verfahrensakten hat. Die Akten selbst liest man **von hinten nach vorne**. In aller Regel sind die letzten ein bis drei Seiten dafür entscheidend, was zu verfügen ist. Die **Verfügungstechnik** selbst muss man dabei nicht beherrschen. Es reicht aus, wenn man in Worten niederschreibt, welche Handlung vorzunehmen ist.**

* Bewerber müssen am Tag des Vorstellungsgesprächs offenbar auch eine Erklärung abgeben, mit der sie sich verpflichten, gegenüber Dritten nichts über den Inhalt der Aktenbock-Übung preiszugeben.

** Wer sich dennoch im Vorfeld mit der Verfügungstechnik beschäftigen möchte, dem sei das Buch von *Büßer/Tonner*, Das zivilrechtliche Dezernat (aktuell in der 4. Auflage 2021) bzw. das Buch von *Heghmanns/Herrmann*, Das Arbeitsgebiet des Staatsanwalts (aktuell in der 6. Auflage 2021) empfohlen.

Abschnitt 4

» Erfahrungsberichte von Juristen über das Bewerbungsverfahren

Nichts ist hilfreicher für eine **optimale Vorbereitung auf das Bewerbungsverfahren** als Erfahrungsberichte von Juristen, die sich bereits erfolgreich als Richter bzw. Staatsanwalt beworben haben. Wir unterstützen Juristen bei ihrer Vorbereitung mit unserer **Sammlung von Protokollen** zur Bewerbung für den Justizdienst. Unsere Datenbank umfasst inzwischen mehr als 900 Erfahrungsberichte aus ganz Deutschland zu Bewerbungen für die ordentliche Gerichtsbarkeit, die Fachgerichtsbarkeiten und die Staatsanwaltschaften – und monatlich kommen viele aktuelle Protokolle hinzu. Unser Angebot im Überblick:

Option „Print / E-Book"	**Option „Online Pro"**	**Option „Online"**
Buch (Print oder E-Book) zur Einstellung als Richter oder StA	Buch (E-Book) zur Einstellung als Richter oder StA in einem Bundesland	Buch (E-Book) zur Einstellung als Richter oder StA in einem Bundesland
Abdruck ausgewählter Protokolle	Online-Zugriff auf alle Protokolle aller Länder	Online-Zugriff auf alle Protokolle aller Länder
Abdruck eines Muster-Motivationsschreibens	Online-Zugriff auf alle Muster-Motivationsschreiben	Online-Zugriff auf alle Muster-Motivationsschreiben
---	Pflicht zum Einreichen eines eigenen Protokolls	---
19,95 € (Print) bzw. 14,95 € (E-Book)	**39,95 € (zzgl. 30 € Kaution)**	**59,95 €**

Die Registrierung für den Zugriff auf die gesamte Protokolldatenbank (Option „Online“ bzw. „Online Pro“) erfolgt über die Seite

https://www.juristenkoffer.de/richter/

Nach dem Ausfüllen und Absenden des Bestellformulars erhält man eine Minute später die Zugangsdaten und kann mit der intensiven Vorbereitung für die Bewerbung oder das ggf. bereits terminierte Vorstellungsgespräch beginnen.

Im Folgenden veröffentlichen wir als Auszug aus unserer Protokolldatenbank **repräsentative Erfahrungsberichte von Juristen**, die sich erfolgreich bei den Justizministerien bzw. Oberlandesgerichten eines Landes als Richter bzw. Staatsanwalt beworben haben.

Protokoll zur Bewerbung als Richter auf Probe in Hamburg

» Bewerbungsverfahren

Nachdem ich meine Bewerbungsunterlagen per E-Mail weggeschickt hatte, habe ich etwa 10-14 Tage später einen Brief per Post erhalten, dass ich zu einem ersten „Informationsgespräch" eingeladen sei. Ich wurde um telefonische Terminabsprache gebeten, dem ich natürlich gerne nachgekommen bin.

» Bewerbungsgespräch

Dieses erste Informationsgespräch mit der zuständigen Präsidialrichterin fand dann etwa eine Woche später in ihrem Büro im HansOLG statt und dauerte ca. 50 Minuten. Mir wurde bei der Terminabsprache am Telefon gesagt, dass es sich nur um ein erstes Kennenlerngespräch handele, was ich - trotz der freundlichen Atmosphäre - nur bedingt bestätigen kann.

Eingeleitet wurde das Gespräch mit der Aussage: „Sie wollen also Richter werden – warum?". Man sollte seine Motivation an dieser Stelle schon sehr ausführlich darlegen können. Es folgten direkt einige eher unangenehme, weil provokante Nachfragen, nachdem ich unter anderem erwähnt hatte, dass es mir wichtig sei, unabhängig und frei von wirtschaftlichen Zwängen und unbeeinflusst von einem Mandanteninteresse zu arbeiten: „Diese Antworten höre ich ja immer, aber warum genau wollen Sie denn jetzt Richter werden, warum nicht Anwalt, was stellen Sie sich unter Unabhängigkeit vor, wie unabhängig sind Sie wirklich, wenn Ihnen etwa der Kammervorsitzende bestimmte Dinge zu Ihrer Arbeitsweise/Arbeitstempo usw. vorschreibt/versucht vorzuschreiben? Meinen Sie, ein Richter ist in bestimmten Situationen auch eine Art Sozialarbeiter? Es ist meines Erachtens wichtig, sich hier nicht aus der Ruhe bringen zu lassen.

Nach diesem Teil sollte ich ein wenig über mich erzählen und ich habe in Grundzügen meinen gesamten Lebenslauf referiert. Es folgten einige Nachfragen, die aber wesentlich weniger provokant und eher von ehrlichem Interesse geprägt waren. Sodann ging das Gespräch in einen organisatorischen Teil über: Zu wann ich grds. anfangen könnte, ob ich lieber ans LG oder ans AG möchte und ob ich lieber im Zivilrecht oder im Strafrecht arbeiten möchte und warum und ob ich mir auch eine Tätigkeit bei der StA vorstellen könnte.

Ob jeder daraufhin zum zweiten Teil des Auswahlverfahrens eingeladen wird, weiß ich nicht. Jedenfalls wurde ich zur "großen Runde" eingeladen.

Dieses zweite Gespräch fand knapp 14 Tage nach dem Informationsgespräch statt und dauerte etwa 40 Minuten. Anwesend waren die Präsidentin des HansOLG, weitere Vertreter vom HansOLG, und jeweils ein Vertreter der GenStA und der Justizbehörde. Dieses Gespräch fand in einer sehr angenehmen Atmosphäre statt. Es wurde zwischendurch zur Auflockerung auch mal ein Witz gemacht und man war offenkundig darum bemüht, dem Bewerber die Nervosität zu nehmen. Es war weniger ein "Verhör", vielmehr entwickelte sich eine normale Unterhaltung. Ich sollte von mir erzählen und die Kommission hörte interessiert zu, stellte auch Fragen zu meinen privaten Interessen. Wir sprachen ausführlicher über meine Referendarstationen. Mir ist aufgefallen, dass sich alle Kommissionsmitglieder sehr gründlich mit meinen Bewerbungsunterlagen vertraut gemacht hatten. Es wurde gefragt, wie ich die Justiz im Referendariat empfunden habe, was mir bei Gericht aufgefallen sei, ob/warum ich nicht lieber in einer Großkanzlei arbeiten möchte. Es wurden mehrere Fragen zur richterlichen Unabhängigkeit gestellt und diverse Situationen geschildert, z.B., wie mit Personen umzugehen sei, die nicht anwaltlich vertreten sind und den Prozess aus formalen Gründen zu verlieren drohen. Es ging um meine Einstellung zum Richteramt und es waren keine Fangfragen dabei. Nachdem ich geantwortet hatte, wurde häufiger in die Runde gefragt, wie die anderen Teilnehmer der Kommission diese Situationen beurteilen würden, so dass ersichtlich wurde, dass es kein richtig oder falsch gab, sondern die Kommission einfach nur einen Eindruck davon gewinnen wollte, wie man in bestimmten, auch heiklen Situationen reagiert. Ich glaube nicht, dass jedes Mal die gleichen Fragen gestellt werden, sondern, dass die Kommissionsmitglieder vielmehr Fragen stellen, die ihnen relativ spontan in den Sinn kommen oder die sie in ihrem beruflichen Alltag gerade selbst beschäftigen.

» Ergebnisverkündung

Nach dem Gespräch fand eine kurze Beratung der Kommission statt. Nach wenigen Minuten wurde ich wieder hereingebeten und mir wurde verkündet, dass sie mich dem Richterwahlausschuss zur Ernennung als Richter auf Probe vorschlagen wollen.

Am Tag darauf bekam ich eine E-Mail von der zuständigen Präsidialrichterin, in der ich gebeten wurde, ein Führungszeugnis einzureichen und einen Selbstauskunftsbogen für die amtsärztliche Untersuchung auszufüllen, der nach Anmeldung dem personalärztlichen Dienst (PÄD) zu übersenden ist.

» Fazit / Tipps für zukünftige Bewerber

Meines Erachtens ist es am wichtigsten, authentisch zu sein. Es ist angesichts der eher spontanen Fragen nicht möglich, sich gezielt auf die Gespräche vorzubereiten. Seinen Lebenslauf sollte man natürlich gut kennen und präsentieren können. Außerdem dürfte es nicht schaden, zur Vorbereitung aufmerksam die (Lokal-)Nachrichten zu verfolgen oder sich bspw. Kommentierungen zu Art. 97 GG durchzulesen, um etwas präziser/"eloquenter" antworten zu können.

Protokoll zur Bewerbung als Richter auf Probe in NRW (OLG Hamm)

» *Bewerbungsverfahren*

Bevor ich meine Bewerbung abgeschickt habe, hatte ich bereits Kontakt mit dem Dezernat 1 des OLG Hamm, welches für Personalangelegenheiten zuständig ist. Die Mitarbeiter/innen dort sind alle wirklich sehr nett und hilfsbereit, also einfach nachfragen. Bereits bei diesem Telefonat wurde mir mitgeteilt, wann ich voraussichtlich an einem AC teilnehmen kann.

Nachdem ich meine Bewerbung abgeschickt hatte, habe ich kurze Zeit später einen Anruf bekommen und wurde für das AC in etwa drei Wochen eingeladen. Daraufhin habe ich nochmal eine E-Mail mit der Einladung sowie einem Personalbogen bekommen, welchen ich ausfüllen musste.

Auf das AC habe ich mich intensiv vorbereitet, indem ich die Protokolle durchgearbeitet, mit meinen richterlichen Ausbildern und anderen Proberichtern gesprochen und das Anforderungsprofil für Richter/innen intensiv durchgearbeitet habe. Außerdem hat der Deutsche Richterbund ein Thesenpapier herausgebracht, welches die verschiedenen Anforderungen an Richter/innen sehr gut darstellt. Ich empfehle euch, dieses intensiv zu lesen und euch zu überlegen, inwieweit ihr diese Anforderungen erfüllt, um im Gespräch überzeugen zu können.

Außerdem habe ich meinen Vortrag mehrfach geübt und mir ausreichend Fragen für die anschließende Gruppendiskussion überlegt.

» *Bewerbungsgespräch*

Unser Tag begann um 8:30 Uhr. Wir sollten uns am Empfang des OLG Hamm treffen; dort bekamen wir ein Namensschild und wurden einer von zwei Gruppen zugeteilt. Wir wurden jeweils von einem richterlichen Mitarbeiter betreut, also zu den einzelnen Terminen gebracht und auch wieder abgeholt.

Um 9 Uhr ging es mit den Gruppendiskussionen los. Die Reihenfolge der Vortragenden wurde ausgelost. Wir waren an dem Tag nur drei Teilnehmerinnen in der Gruppe. Nach einer kurzen Vorstellungsrunde der Kommission (insgesamt sechs Richterinnen und Richter), ging es auch direkt los. Im Anschluss an die jeweiligen Vorträge schloss sich die Gruppendiskussion an. Es oblag dabei dem Vortragenden, die Diskussion einzuleiten und in Gang zu halten. Ich rate euch, euch im Vorfeld ausreichend Fragen zu überlegen und auch verschiedene Gesprächsverläufe durchzuspielen. Wählt ein Thema aus, welches genügend Diskussionsgrundlagen bietet. Die Auswahl des Themas ist zugegebenermaßen nicht einfach; es kommt aber wirklich nicht auf das Thema an sich an, sondern nur darauf, dass ihr den Vortrag gut strukturiert und ordentlich diskutieren könnt. Dabei ist es vor allem wichtig, nicht nur die bereits im Vortrag angesprochenen Argumente aufzugreifen, sondern, wenn möglich, andere Ansatzpunkte zu finden und vielleicht auch etwas weiter zu denken.

Im Anschluss daran hatte ich mein Einzelinterview. Und entgegen vieler anderer Protokolle und auch anderer Erfahrungsberichte habe ich dieses als absolut überhaupt nicht unangenehm, sondern im Gegenteil als nettes Gespräch auf Augenhöhe empfunden. Es hat 30 Minuten gedauert und verging so schnell, dass ich erstaunt war, als die Gleichstellungsbeauftragte, die allein die Fragen gestellt hat, mir sagte: „Danke, das wars fürs Erste". Die anderen Kommissionsmitglieder haben keine weiteren Fragen gestellt. Ich würde euch raten, nur mit der Gleichstellungsbeauftragten Augenkontakt zu halten, da die anderen Kommissionsmitglieder meist ohnehin nur auf ihren Zettel schauen und das Gespräch protokollieren.

Als Einstieg wurde ich gefragt, warum ich genau das Thema für meinen Vortrag ausgewählt habe. Außerdem wurden auch einige Standardfragen gestellt, auf die man sich gut vorbereiten kann:

- Warum möchten Sie Richterin werden? Nennen Sie drei Gründe!
- Seit wann wollen Sie Richterin werden?
- Haben Sie einmal an Jura gezweifelt?
- Hat der Beruf für Sie auch Schattenseiten? Wenn ja, welche?
- Was motiviert Sie?
- Was macht Sie wütend?
- Nennen Sie drei positive Eigenschaften an Ihnen.
- Woran könnten Sie noch arbeiten?
- Was macht für Sie einen guten Richter / eine gute Richterin aus und glauben Sie, dass Sie diese Eigenschaften mitbringen?

Daraufhin wurden auch einige Fallbeispiele erläutert sowie ein paar Zitate, zu denen ich Stellung nehmen sollte. Wichtig ist dabei: Amtsverständnis! Das ist bei der Beantwortung aller Fragen das absolut Wichtigste. Überlegt euch vorher also gut, was ihr darunter versteht, setzt euch mit dem Anforderungsprofil auseinander sowie mit dem Thesenpapier des Deutschen Richterbundes und dann kann nichts schief gehen.

Bei dem ersten Fallbeispiel ging es darum, dass ich Richterin am Amtsgericht sei und in ein Pflegeheim gerufen werde, um dort eine Betreuung zu bestellen. Als ich dort ankomme, finde ich die zu betreuende Person in ihrem Bett vor, sie ist an den Händen festgebunden. Außerdem sind die Tochter der Patientin, die auch als Betreuerin eingesetzt werden soll, sowie der Arzt anwesend. Die materiell-rechtlichen Voraussetzungen der Betreuung liegen vor, jedoch wurde kein Antrag gestellt. Was tun Sie? Ich erkläre den Anwesenden, dass die Fixierung nicht ohne weiteres möglich sei, auch wenn ich ihre Perspektive nachvollziehen könne, jedoch muss die Betreuung und damit auch jede weitere freiheitsentziehende Maßnahme zuvor von einem Richter genehmigt werden. Außerdem werde ich sofort aktiv und fordere den Arzt dazu auf, die Fixierung zu lösen. Der Fall wurde dann weitergebildet, dass der Arzt wütend wird, als ich ihm das erkläre. Wie reagieren Sie? Ich zeige Verständnis, bleibe freundlich aber bestimmt.

Ein weiteres Fallbeispiel war Folgendes: Auf einer privaten Feier hören Sie wie zwei Personen sich über den Richterdienst unterhalten und sagen: „Richter haben ja eh immer Recht und machen was sie wollen." Was tun Sie?

Es ging im Folgenden um die Frage der richterlichen Neutralität. Ich sollte zu einem Zitat Stellung nehmen, welches sinngemäß aussagte, dass man als Richter dem Fall näherkommen kann, wenn man auch den Parteien näher ist, insbesondere durch die mündliche Verhandlung. Ich bejahte diese Aussage, wies jedoch auch gleichzeitig darauf hin, dass es dann auch schwieriger sei, neutral zu bleiben.

Als letztes Beispiel wurde mir folgender Fall geschildert: Es geht in einem Rechtsstreit um die Haftung auf Schadensersatz und Schmerzensgeld. Die Klägerin behauptet, wegen Verletzung der Streupflicht des Beklagten gestürzt zu sein. Die Parteien sind sich über den Haftungsgrund einig, es geht nur noch um die Höhe des Schmerzensgeldes und um ein etwaiges Mitverschulden der Klägerin. In meiner Vorbereitung zum Termin ist mir jedoch aufgefallen, dass der Beklagte bereits dem Grunde nach wohl nicht haften dürfte. Zur mündlichen Verhandlung erscheinen die Parteien und betreten den Sitzungssaal mit den Worten: „Frau Richterin, wir brauchen nicht mehr verhandeln, wir haben uns geeinigt, bitte protokollieren Sie den Vergleich!" Was tun Sie? Hier ging es darum, zu argumentieren und auch bei Rückfragen standhaft zu bleiben. Ich habe hier die Interessen beider Seiten herausgearbeitet, bin jedoch letztlich dazu gekommen, keinen Hinweis zu erteilen und den Vergleich zu protokollieren. Dies habe ich vor allem mit der Dispositionsmaxime der Parteien begründet.

» Ergebnisverkündung

Mir wurde eine Einstellungszusage erteilt. Ich durfte drei Wunschorte angeben, von denen mir einer zugeteilt wird. Ich habe jedoch erst drei Wochen später erfahren, wo es für mich hingeht und wann mein Arbeitsbeginn sein wird. Die amtsärztliche Untersuchung verlief ohne Probleme.

» Fazit / Tipps für zukünftige Bewerber

Ich habe den Tag als angenehm empfunden. Ich habe das Gespräch als Chance gesehen, den Beteiligten zu zeigen, dass ich wirklich motiviert bin, Richterin zu werden. Im Vorfeld habe ich mich gut und intensiv vorbereitet, was sich letztlich ausgezahlt hat. Ich würde euch empfehlen, euch vor allem mit dem Anforderungsprofil für Richter/innen sowie dem Berufsbild auseinanderzusetzen. Seid natürlich und verstellt euch nicht.

Protokoll zur Bewerbung als Richter auf Probe in Rheinland-Pfalz

» Bewerbungsverfahren

Ich habe mich zunächst telefonisch im Justizministerium erkundigt, ob eine Bewerbung aufgrund der aktuellen Stellensituation zum jetzigen Zeitpunkt Sinn macht. Da man dies bejahte, habe ich noch am selben Tag das Bewerbungsformular (erhältlich auf der Website des Justizministeriums) ausgefüllt und per E-Mail an die angegebene Adresse geschickt. Am Folgetag habe ich abends meine schriftliche Bewerbung (Kurzes Motivationsschreiben, ausführlicher handgeschriebener Lebenslauf und alle Zeugnisse) in den Nachtbriefkasten des Justizministeriums eingeworfen. Bereits drei Tage später erhielt ich einen Anruf, bzw. weil ich diesen nicht entgegennehmen konnte, eine E-Mail mit der Einladung zum Vorstellungsgespräch 1,5 Wochen später. Darin wurde mir mitgeteilt, dass ein strukturiertes Einzelinterview geführt werde und ich ca. 45 Minuten hierfür einplanen solle.

» Bewerbungsgespräch

Ich meldete mich ca. 20 Minuten vor dem Termin für das Bewerbungsgespräch an der Pforte des Justizministeriums und wurde dann auch direkt in den 2. Stock gebeten, um dort noch in der "Kopierecke" auf den Beginn des Gesprächs zu warten. Nach ca. 15 Minuten wurde ich auch schon von einem sehr freundlichen Herrn abgeholt. Er stellte sich als zum Ministerium abgeordneter Arbeitsrichter vor, der das Gespräch in Vertretung für den zuständigen Personalreferenten führte. Letzterer sei aufgrund anderer Einstellungsgespräche für Notare nicht verfügbar. Auf dem Weg zum Raum, in dem das Gespräch stattfinden sollte, sagte mir, dass es nur darum gehe mich kennenzulernen und dass keine Fachfragen gestellt würden. Im Raum angekommen, warteten schon die beiden weiteren Kommissionsmitglieder, wovon eine als Gleichstellungsbeauftragte vorgestellt wurde.

Mir wurde kurz der Ablauf des Gesprächs erläutert; zunächst sollte ich meinen Lebenslauf schildern und dabei darauf eingehen, warum ich Richterin werden will und wieso gerade in Rheinland-Pfalz, im Anschluss wurden mir Rückfragen gestellt und zum Ende durfte ich noch Fragen stellen.

Die Gesprächsatmosphäre war die gesamte Zeit sehr freundlich. Während der Schilderung meines Lebenslaufs wurde ich nicht unterbrochen, nur hatte ich vergessen etwas dazu zu sagen, warum ich in Rheinland-Pfalz Richterin werden möchte. Darauf wurde ich kurz hingewiesen und ich holte dies noch nach. An folgende Rückfragen seitens des Kommissionsleiters kann ich mich erinnern:

1. Wie sind Sie mit dem von Ihnen geschilderten Rückschlag umgegangen?

2. Welche Eigenschaften sollte ein Richter aus Ihrer Sicht mitbringen?

3. Verfügen Sie über diese genannten Eigenschaften?

4. Wie lösen Sie Konflikte?

5. Was können Sie besonders gut und wo liegen Ihre Schwächen?

6. Wie kommen Sie bei anderen Menschen an?

Ich habe versucht, alle Fragen offen und ehrlich zu beantworten und immer ein kurzes Beispiel einzubauen. Mir schien, dass diese Vorgehensweise auch positiv ankam.

Nach diesen Fragen stellte noch die dritte Person eine Frage, und zwar sollte ich etwas genauer darauf eingehen, in welchen Situationen ich in meiner bisherigen Tätigkeit schon im Mittelpunkt stand. Die Frage zielte darauf ab, ob ich auch außerhalb des Referendariats schon in Situationen war, in denen alle Augen auf mich gerichtet waren und von mir Antworten erwartet wurden bzw. mich durchsetzen musste gegenüber den weiteren Gesprächsteilnehmern. Auch hier habe ich typische Berufssituationen geschildert und ausgeführt, wie ich mich dabei fühle und verhalte. Also z.B. wie ich in diesen Situationen mit Aufregung umgehe.

Im Anschluss wurde ich noch nach örtlichen Präferenzen gefragt und mir wurde mitgeteilt, dass man schon versucht, die Ortswünsche der Bewerber so gut es geht zu berücksichtigen. Manchmal gelinge dies nicht bei der allerersten Stelle, aber zu einem späteren Zeitpunkt in jedem Falle.

Ich habe dann noch zwei Fragen gestellt - zum einen, ob es sein kann, dass man innerhalb der Zeit als Assessor auch den Landgerichtsbezirk wechselt, zum anderen, ob man in jedem Falle als Staatsanwalt arbeitet. Hierzu wurde mir gesagt, dass ersteres gut sein kein, bei zweiterem versuche man, alle Wünsche zu berücksichtigen.

» Ergebnisverkündung

Mir wurde am Ende des Gesprächs gesagt, dass sich der zuständige Personalreferent innerhalb von zwei Wochen bei mir melden würde. Bei einer Zusage würde noch ein Gespräch beim Staatssekretär erfolgen.

» Fazit / Tipps für zukünftige Bewerber

Insgesamt war es eine sehr angenehme Gesprächsatmosphäre in der ich mich wohlgefühlt habe. Man merkt an den Fragen, dass es der Kommission wichtig ist, dass man sich der Verantwortung des Berufs bewusst ist und sich mit sich selbst auseinandersetzt.

Ich fühlte mich durch die Erfahrungsberichte gut vorbereitet. Für sich selbst einige Fragen zu klären hilft in jedem Falle für das Gespräch. Insbesondere hat es mir geholfen, dass ich einige Beispiele zu Situationen im Kopf hatte, die gut zum Richterberuf passen.

Mir kam es so vor, dass gerade bei jungen Bewerbern genau darauf geschaut wird, ob man sich durchsetzen und mit Konflikten umgehen kann. Das kann man meines Erachtens am Besten in Form praktischer Beispiele darstellen. Außerdem sollte man zeigen, dass man reflektiert mit Rückschlägen und Konflikten umgehen kann, gleichzeitig sich aber nicht in Details verliert.

Protokoll zur Bewerbung als Richter auf Probe in Berlin

» Bewerbungsverfahren

Das Bewerbungsverfahren ist ausführlich auf der Homepage der Senatsverwaltung für Justiz beschrieben. Die zusammengestellten Unterlagen habe ich persönlich zur Poststelle gebracht. Einige Tage später habe ich schriftlich eine Eingangsbestätigung erhalten. Es wurde mitgeteilt, dass man mich voraussichtlich Ende September/Anfang Oktober kontaktieren werde, um einen Termin für das Auswahlgespräch zu vereinbaren. Anfang exakt am 30.09.2019 erhielt ich dann einen Anruf und wurde zum Auswahlgespräch am 23.10.2019 eingeladen. In dem Telefonat hat mir der Kommissionsleiter mehrfach gesagt, dass das Auswahlgespräch ein strukturiertes sei und ich mich auf das Gespräch vorbereiten sollte. Ich habe für die Vorbereitung auf das Gespräch die hiesigen Protokolle, die AnforderungsVO für Richter und Staatsanwälte, das Diskussionspapier des Deutschen Richterbundes zur "Richterethik in Deutschland" (https://www.drb.de/positionen/verbandsthemen/ethik/) und die Assessormappen einiger Bundesländer verwendet. Zudem habe ich mich mit Richterinnen und Richtern auf Probe während meiner Wahlstation darüber unterhalten (ich wusste, dass ich mich gleich in der Justiz bewerben würde).

» Bewerbungsgespräch

Das Gespräch fand in den Räumen der Senatsverwaltung für Justiz statt und dauerte etwa eine Stunde. Neben mir waren sechs Personen anwesend. Ein Richter, der momentan zur Senatsverwaltung abgeordnet ist, zwei Staatsanwältinnen, eine Richterin am Kammergericht, eine Verwaltungsrichterin und eine weitere Dame, die zur Überwachung der Auswahlkommission bestellt war. Sowohl zur Begrüßung als auch zur

Verabschiedung wurde sich die Hand gegeben. Die Kommissionsmitglieder waren alle sehr höflich und freundlich. Sie haben keine "Spielchen", wie das Nichtreichen der Hand, unfreundliches Auftreten an den Tag gelegt.

Zu Beginn des Gesprächs wurde die Auswahlkommission vorgestellt, es gab aber auch Namensschilder auf den Tischen. Ich selbst saß ihnen mit etwas Abstand gegenüber.

Sodann sollte ich mich vorstellen. Hierzu habe ich kurz - wie in meinem handschriftlich eingereichten Lebenslauf - meine Person, meine Interessen und meine Vita vorgetragen.

Es folgten die sogleich aufgeführten Fragen, die allesamt in den Protokollen zu finden sind (ob auch in dieser Reihenfolge, kann ich nicht mehr sagen):

1. Warum möchten Sie Richter werden?

2. Welche drei Eigenschaften sollte Ihrer Meinung nach ein Richter haben

3. Finden Sie sich in diesen Anforderungsprofil wieder? Wenn ja, warum?

   Und: Welche dieser Eigenschaften ist bei Ihnen am wenigsten ausgeprägt?

4. Was bedeutet Erfolg für Sie? Ist Ihnen Erfolg wichtig? Was würden Sie in der richterlichen Tätigkeit als Erfolg bezeichnen?

5. Wie würden Sie sich beschreiben? Was sind Ihre Stärken und Ihre Schwächen?

6. Es wurde gefragt, wie ich mir meine relativ schwache StA-Stationsnote (7 Punkte) im Gegensatz zu den anderen Stationsnoten (Gut oder Sehr Gut) erkläre. Hier antwortete ich wahrheitsgemäß, dass ich zu dieser Zeit mich bereits mit dem öffentlichen Recht befasst habe (vorgearbeitet habe) und dass der Staatsanwalt der Bewertung den Maßstab des Staatsexamens zugrunde gelegt hat, was er mir auch offen sagte.

Auf die Antworten zu den Fragen 1. - 5. habe ich bewusst verzichtet. Diese Antworten sollten m. E. die aller ersten Gedanken beinhalten und der eigenen Persönlichkeit entsprechen. Meine Antworten könnten ggf. zum Auswendiglernen verleiten.

Es folgten dann die Rollenspiele (in dieser Reihenfolge):

1. Ich bin Staatsanwalt und habe eine umfangreiche Anklage verfasst. Diese wird nunmehr verhandelt. Sitzungsvertreter ist ein Kollege von mir. Nach der Verhandlung ruft er mich an und sagt, dass die Anklage geplatzt sei, weil ein Polizist sich nicht ordnungsgemäß auf seine Aussage vorbereitet habe. Was mache ich?

Abwandlung:

Nunmehr bin ich auch der Sitzungsvertreter und sehe, dass der Polizist sich nicht vorbereitet hat. Was mache ich?

2. Ich bin Richter am VG, studiere am Vortag der mündlichen Verhandlung in einer Asylsache die Akten und sehe aus den polizeilichen Akten (Vorgabe: diese materiell-rechtlich relevant), dass der Kläger (Asylant) stets ein großes Messer bei sich führe, auf Nachfrage der Polizei antworte, dass dies keine große Sache sei und er, wenn die Polizei ihm das Messer abnimmt, ein neues besorge. Was mache ich?

1. Abwandlung:

Der Beklagtenvertreter betritt nun die angesetzte Verhandlung, der ein alter Bekannter aus dem Studium ist. Dieser begrüßt mich mit "Ey ..., Du alte Socke, was machst du denn hier? ... (und weitere ausfallende Bemerkungen, an die ich mich nicht mehr erinnern kann)... Was mache ich?

2. Abwandlung:

Der Beklagtenvertreter (alter Bekannter) hat mir in der Vergangenheit privat einen großen Gefallen getan und guckt mich in der mündlichen Verhandlung erwartungsvoll an. Was mache ich?

3. Ich bin Zivilrichter und einer Zivilkammer am LG Berlin zugeteilt. Ich habe lediglich eine 70%-Stelle. Ich merke jedoch, dass die 70%-Stelle vom Arbeitsaufwand gleich einer 100%-Stelle gleichkommt. Was mache ich?

1. Abwandlung:

Mir werden vom Vorsitzenden statt 70% absichtlich 100% übertragen. Was mache ich? Mir wird gesagt, dass das Kind der Kollegin in der Kammer krank ist. Was mache ich?

2. Abwandlung (bezog sich auf meine Antwort zur ersten Abwandlung, dass ich den Vorsitzenden darauf ansprechen würde):

Der Vorsitzende reagiert pampig, und sagt mir, ich solle doch nicht rumheulen, die Akten müssten halt fertig werden. Was mache ich?

Auch hier verzichte ich bewusst - wie oben dargelegt - auf meine Antworten. Allerdings kann ich sagen, dass diese sich nach den ethischen Grundsätzen aus dem Diskussionspapier und nach der AnforderungsVO richteten. Ich würde diese auf alle Rollenspiele, die man in den Protokollen findet, übertragen und dementsprechend antworten.

» Ergebnisverkündung

Es wurde mir mitgeteilt, dass weitere Gespräche bis zum 08.11.2019 erfolgen werden. Man werde am 15.11.2019 darüber informiert, ob man dem Richterwahlausschuss, der für diese Bewerberrunde am 26.02.2020 tage, zur Ernennung vorgeschlagen wird. Wie angekündigt, wurde ich am 15.11.2019 angerufen. Mir wurde mitgeteilt, dass ich vorgeschlagen werde und die Entscheidung des Richterwahlausschusses eher formaler Natur sei. Ich würde in den nächsten Tagen ein Schreiben mit den weiteren Schritten erhalten.

» Fazit / Tipps für zukünftige Bewerber

Ich habe mich intensiv auf das Gespräch vorbereitet. Dies kann ich auch nur empfehlen, insbesondere, dass man die eingangs genannten Mittel zur Vorbereitung benutzt.

Ich wünsche Euch viel Erfolg!.

Protokoll zur Bewerbung als Richter auf Probe in Hessen

» *Bewerbungsverfahren*

Ich habe direkt nach meiner mündlichen Prüfung im Oktober 2017 einen Anruf vom hessischen Justizministerium erhalten; mir wurde zunächst gratuliert und ich wurde dann gefragt, ob ich Interesse an einer Einstellung im höheren Justizdienst habe. Ich habe dies bejaht, da ich tatsächlich schon immer den Wunsch hatte, als Staatsanwältin tätig zu sein. Dann hat die Mitarbeiterin mir die Einzelheiten des Bewerbungsverfahrens erläutert und mich gebeten, sobald wie möglich meine Bewerbungsunterlagen einzureichen. Sie hat mich auch darauf hingewiesen, dass wenn ich am liebsten zur StA möchte, ich dies auch ausdrücklich in der Bewerbung erwähnen soll. Ich habe meine Bewerbungsunterlagen dementsprechend dann Anfang November eingereicht und habe kurz danach eine Eingangsbestätigung erhalten. Im Anschluss daran wurde ich Mitte November telefonisch zu einem Vorstellungsgespräch eingeladen.

» *Bewerbungsgespräch*

Das Gespräch fand im Justizministerium in Wiesbaden statt. Es ist super zu finden, liegt direkt an einer Hauptstraße und um die Ecke ist ein Parkhaus. Ich bin am Tag der Bewerbung ganz früh losgefahren, um auch ja nicht zu spät zu kommen. Letztendlich war ich aber ca. eine Stunde zu früh dort, weshalb ich mir erst einmal in einem Café um die Ecke die Zeit vertrieb. Eine viertel Stunde vor dem Gespräch lief ich dann zum Justizministerium und habe mich, wie die Mitarbeiterin am Telefon auch gesagt hatte, in Raum 166 gemeldet. Dort hat mich eine Dame ganz nett begrüßt, meine Jacke abgenommen und mir Kaffee, Tee oder Wasser angeboten. Ich habe nur ein Glas Wasser angenommen. Bevor mein Vorstellungsgespräch begann, wartete ich im Vorzimmer. Neben mir wartete noch ein

Kandidat auf die Verkündung seines Ergebnisses. Nachdem dieser sein Ergebnis erhalten hatte, wurde ich, nach etwa zehnminütiger Wartezeit, von der Personalreferentin hereingerufen. Dort stellte sie mir die Gleichstellungsbeauftragte, eine Oberstaatsanwältin von der Generalstaatsanwaltschaft Frankfurt, vor. Danach wurde ich gebeten, Platz zu nehmen. Beide Damen waren sehr nett. Das Gespräch gestaltete sich von Anfang an sehr angenehm.

Ich sollte zunächst einfach meinen Lebenslauf schildern, dabei sollte ich insbesondere auch erwähnen, wieso ich mich für das Jurastudium entschieden hatte. Ich erzählte sehr ausgiebig von meinem Werdegang und es wurden keine Zwischenfragen gestellt. Ich berichtete wirklich der Reihe nach, wie in dem handschriftlichen ausführlichen Lebenslauf, alle Einzelheiten von meiner Geburt bis zum Erwerb des zweiten Staatsexamens. Besonders vertieft ging ich auf die einzelnen Stationen während des Referendariats ein und ließ auch immer an den passenden Stellen einfließen, wieso ich unbedingt zur StA möchte. Die Schilderung meines Lebenslaufs nahm auch die meiste Zeit des Gesprächs in Anspruch, ca. eine halbe Stunde.

Daraufhin wurden noch ca. 15 Min Fragen gestellt.

Da ich noch 27 Jahre alt bin, wollte die Personalreferentin, wie von allen anderen Kandidaten unter 30 auch, wissen, ob ich mir den Beruf als Staatsanwältin trotz meines jungen Alters zutraue, und ob ich denn genug Lebenserfahrung habe, um diesen Beruf auszuüben.

Danach sollte ich die Vorbereitung auf meinen ersten Bereitschaftsdienst schildern.

Die Personalreferentin schilderte sodann folgenden Fall: Ein alkoholisierter Mann wird mitten in der Nacht um 3 Uhr beim Randalieren von der Polizei festgenommen. Die Polizei ruft bei mir an, da ich Bereitschaftsdienst habe und fragt, ob sie denn eine Blutentnahme durchführen sollen.

Ich sollte schildern, was ich sagen würde. Ich überlegte laut, dass ich mir zunächst genau den Sachverhalt schildern ließe, nach Vorstrafen fragen würde, mich nach der Einlassung des Beschuldigten erkundigen würde. Dann ging ich darauf ein, dass mittlerweile ja bei bestimmten Delikten die Blutentnahme nicht mehr unter Richtervorbehalt steht, aber dies nur bei Verkehrsdelikten der Fall ist. Und dass ansonsten die StA nur bei Gefahr im Verzug die Blutentnahme anordnen kann. Da wurde ich aber auch schon von der Personalreferentin unterbrochen und darauf hingewiesen, dass sie keine fachlichen Fragen stelle, sondern einfach wissen möchte, wie ich in einer solchen Situation reagiere. Ich habe dann nur geantwortet, dass ich, wenn ich gar nicht mehr weiter wisse, einfach einen erfahrenen Kollegen/ eine erfahrene Kollegin, mit dem/ der ich vorher abgesprochen hätte, dass ich ihn/ sie bei Fragen anrufen darf, anrufen würde und fragen würde, wie ich denn reagieren soll. Sie fragte nur noch, ob ich auch mitten in der Nacht um 3 Uhr anrufen würde, und ich sagte: Ja, sofern ich das vorher abgesprochen hätte, würde ich anrufen. Mehr wollte sie auch gar nicht wissen.

Dann schilderte sie folgenden Fall: Ich bin Staatsanwältin und soll eine Zeugenvernehmung durchführen. Die geladene Zeugin kommt aber nicht alleine, sondern mit ihren einjährigen Zwillingen und sagt, dass sie ihre Kinder nur ihrer eigenen Mutter anvertrauen würde, und diese heute nicht konnte, weshalb sie gezwungener Weise die Kinder mitnehmen musste. Ich sollte sagen, wie ich reagieren würde. Ich sagte, dass ich versuchen würde, die Zeugenvernehmung dennoch durchzuführen und die Zeugin darauf hinweisen würde, dass sie sich trotz allem auf die Vernehmung konzentrieren soll. Dann sagte die Personalreferentin, dass die Kinder die Zeugenvernehmung aber die ganze Zeit über stören würden, sie würden heulen und quengeln, sodass die Zeugin immer wieder aufstehen und sich mit ihren Kindern zwischendurch beschäftigen müsste. Dann sagte ich, dass ich darüber nachdenken würde, die Zeugenvernehmung zu verschieben, und die Zeugin darauf hinweisen würde, dass sie das nächste Mal dafür zu sorgen habe, dass sie einen Babysitter organisiert bekommt.

Die Personalreferentin wandelte den Fall dahingehend ab, dass die Zeugin mit einem Anwalt aufgetaucht sei, dessen Anwaltskanzlei sich sehr weit weg befinde und er einen sehr hohen Stundensatz habe, und dieser daher mit der Terminverschiebung nicht einverstanden sei. Ich sagte, dass ich in diesem Fall alles Mögliche tun würde, um die Zeugenvernehmung doch interessengerecht durchführen. Ich würde dann erst einmal versuchen, evtl. jemanden von der Geschäftsstelle oder Kollegen damit zu beauftragen, während der Vernehmung auf die Kinder aufzupassen, sofern die Zeugin damit einverstanden ist. Ansonsten würde ich während der Zeugenvernehmung Pausen einbauen, die es ermöglichen, die Zeugin zu vernehmen, ohne dass die Kinder stören. Dabei betonte ich, dass ich die Zeugin darauf hinweisen würde, dass sie sich während der Vernehmung tatsächlich nur auf die Vernehmung zu konzentrieren habe. Mit dieser Antwort war die Personalreferentin dann zufrieden und sagte auch, dass es kein richtig oder falsch gebe, sondern sie einfach nur wissen wolle, wie ich mit so einer Situation fertig werde.

Schließlich wurde ich gefragt, welche Eigenschaften ein Staatsanwalt mitbringen müsse. Hierbei sah die Personalreferentin die wichtigste Eigenschaft in der Belastbarkeit. Ich wurde gefragt, ob ich mir der Arbeitsbelastung bewusst sei. Ich sollte schließlich noch ausführen, warum gerade ich als Staatsanwältin genommen werden sollte.

Sie wollten außerdem wissen, ob ich ein Vorbild habe und wenn ja, wer dies ist und wieso.

Zuletzt sollte ich noch erzählen, was ich in meiner Freizeit mache und ich wurde gefragt, was ich denn machen würde, wenn es hier heute nicht klappen würde. Da sagte ich, dass ich unbedingt in den Staatsdienst möchte, und es dann erst einmal in anderen Bundesländern versuchen würde, und ich mich auch schon ohnehin in Rheinland-Pfalz und Baden-Württemberg beworben habe.

» *Ergebnisverkündung*

Nach nicht mal fünfminütiger Wartezeit wurde ich wieder hereingerufen und mir wurde das positive Ergebnis verkündet: Ich werde dem Richterwahlausschuss vorgeschlagen. Dieser finde jedoch erst wieder im Februar 2018 statt. Dass es gleich mit der Staatsanwaltschaft klappt, könnten sie mir jedoch nicht versprechen. Ich könnte ggf. auch als Richterin eingesetzt werden. Mir wurde kurz das weitere Verfahren erklärt: Ich müsse noch ein Gespräch mit dem Staatssekretär führen. Dieser habe noch ein Vetorecht. Nach dem Richterwahlausschuss würde ich noch am selben Abend eine E-Mail erhalten, in der mir mitgeteilt werde, ob ich bestätigt worden sei oder nicht. Für den Fall der Bestätigung würde ich 2-3 Tage später einen Anruf der Personalreferentin erhalten, in dem mir Ort, Zeit und Tätigkeit mitgeteilt würden. Es würde versucht werden Präferenzen zu berücksichtigen. Ich wurde natürlich darauf hingewiesen, dass ich in ganz Hessen eingesetzt zu werden kann.

Ich fragte dann noch, wie sicher eine Einstellung für mich in Hessen ist, weil ich die nächste Woche noch ein Vorstellungsgespräch in Stuttgart habe, ich aber Hessen präferiere. Sie sagten mir, dass das hier keine 100 prozentige Zusage ist, aber der Richterwahlausschuss auf der Grundlage ihrer Eindrücke entscheidet, und dass es bei mir keinen Grund gebe, wieso der Richterwahlausschuss „Nein“ sagen sollte. Wenn ich also nach Hessen möchte, dann könne ich ruhigen Gewissens die anderen Vorstellungsgespräche absagen.

Danach wurde ich von der Personalreferentin zu einer Sachbearbeiterin begleitet. Dort musste ich einige Formulare unterzeichnen. Ich hatte auch die Möglichkeit weitere Fragen zu stellen. Die Sachbearbeiterin erläuterte mir nochmals sehr freundlich den weiteren Ablauf. Dann begleitete sie mich zum Vorzimmer des Staatssekretärs, wo ich den Termin für das Gespräch erhielt.

Protokoll zur Bewerbung als Richter auf Probe in Niedersachsen (OLG Braunschweig)

» Bewerbungsverfahren

Ich habe mich ca. einen Monat nach meiner mündlichen Prüfung beworben. Nach ca. 3 Wochen bekam ich dann einen Anruf vom Vertreter des OLG BS, der mich zu einem Einstellungsinterview eingeladen hat. Dies fand dann 2 Wochen nach dem Anruf statt.

Die Chancen für eine Einladung zu einem Interview sind aktuell sehr gut. Auch ohne 2x VB bekommt man eine Einladung. Wichtig ist vor allem das Ergebnis des 2. Examens. Ich hatte mich in allen 3 OLG Bezirken in Niedersachsen beworben und sogar noch in NRW (NRW für die Einstellung als Staatsanwältin) und Thüringen. Mein Wunsch-Bezirk war aber das OLG BS. Ich habe tatsächlich in jedem Bundesland eine Einladung zu einem Interview bekommen. Da war ich selbst etwas überrascht. Ich habe mich dann aber bewusst für das erste Gespräch im OLG Bezirk BS entschieden. Also mein Tipp: nur Mut und schickt eure Bewerbungen raus. Im Moment ist sehr Bedarf. Darüber hinaus gibt es einem persönlich ein gutes Gefühl, wenn man zur Not auch andere Möglichkeiten hat.

» Bewerbungsgespräch

Das Vorstellungsgespräch fand in der Generalstaatsanwaltschaft Braunschweig statt. Ich war an diesem Tag die erste Person von insgesamt 4 Bewerbern. Ich wurde von der Sekretärin des Generalstaatsanwalts sehr nett betreut. Sie redet die ganze Zeit mit einem und ist echt sehr nett, was einem die Nervosität etwas nimmt. Ich wurde dann vom Vertreter der Generalstaatsanwaltschaft abgeholt und in den Raum gebeten. Dort saßen weitere 4 Personen an einem runden Tisch. Ich begrüßte alle Beteiligten und dann wurde mir Kaffee, Wasser und Kekse angeboten. Dann ging es auch schon los.

Ein Kommissionsmitglied übernahm maßgeblich die Gesprächsführung. Er stellte mir zunächst nochmal alle Beteiligten im Detail vor und schilderte mir dann den Ablauf des heutigen Gesprächs. Er fragte mich, ob und wenn ja wie ich mich auf das Gespräch vorbereitet habe. Ich sagte, dass ich mich natürlich etwas vorbereitet habe. Ich sagte, ich werde offen und ehrlich antworten und meine Gedanken preisgeben. Das fanden sie glaub ich ganz gut und dann gings auch schon los.

Biographischer Teil:

Zunächst sollte ich in 3-5 Minuten meinen Lebenslauf schildern und dabei besonderes auf Ereignisse eingehen, die für die Tätigkeit bei der Justiz wichtig sind. Abschließend sollte ich dann einen Satz sagen, warum ich hier heute sitze und warum ich unbedingt in die Justiz möchte. Das hatte ich dank der Protokolle zu Hause schon ein paar Mal geübt. Das würde ich auch jedem raten. Tragt euch und einer anderen Person euren Lebenslauf einmal vor. Das gibt Sicherheit für den Beginn des Gesprächs und man lernt auch die Zeit einzuhalten. Mir hat das sehr geholfen.

Nach meiner Schilderung kamen dann direkt Rückfragen zu den einzelnen Stationen meines Lebens und ich sollte an bestimmten Punkten noch etwas mehr dazu erzählen. Folgende Fragen wurden mir gestellt:

- Welche Rolle im Klassenverband haben Sie eingenommen?

- Wie ich aufgewachsenen bin? Wie das Verhältnis zu meinen Eltern/Schwester ist?

- Was meine Schwester und mein Freund beruflich machen?

- Fragen zu meinen Hobbies (Handball) kamen noch: Verhältnis Trainer Mannschaft? Gabs es auch mal Unstimmigkeiten in der Mannschaft? Wenn ja, wie wurden diese gelöst?

- Frage zu meiner Tätigkeit als Jugendtrainerin wurden noch gestellt: Dabei interessierte die Kommission vor allem das Zeitmanagement meinerseits?

- Zudem fragten sie, ob ich mit meinem Abitur zu frieden bin?

- Auslandsaufenthalt nach dem Abitur: Work and Travel. Sie wollten wissen was genau ich dort gearbeitet habe und was ich dadurch fürs Leben für mich mitgenommen habe?

- Warum Jura? Gabs es Alternativen?

- Warum ich aus meiner Heimatstadt in ein anderes Bundesland gegangen bin zum Studium? Wie mich das verändert hat?

- Was mir im Studium am besten gefallen hat?

- Wie ich mich auf das 1. Examen vorbereitet habe? Ob ich mit dem Ergebnis zufrieden bin?

- Wie ich mein Studium finanziert habe?

- Ob ich in meinem Leben etwas anderes gemacht hätte?

- Welche Station mir im Referendariat am Besten gefallen hat und warum?

- Situationen mit Richtern/Staatsanwälten, die mir positiv oder negativ aufgefallen sind und warum?

- Da meine Stationen im Ref sehr auf Strafrecht ausgelegt waren, fragten sie, ob ich denn auch als Zivilrichterin arbeiten könnte?

- Stärken und Schwächen

- Würden sich die Schwächen auf den Beruf auswirken?

- Wo ich mich in 5 Jahren sehe?

- Ob ich mich auch noch woanders beworben habe?

- Was ich machen würde, wenn es hier heute nicht klappt?

- Stellen sie sich vor, sie sind einen Tag Justizminister ohne Geld, was würden sie ändern?

- Diktieren Sie einen Vergleich, wenn die Klage eigentlich unschlüssig ist?

- Finden Sie Beweislastentscheidungen gerecht?

Insgesamt hat der biographische Teil ca. 1 1/2 Stunden gedauert. Ich fand aber wirklich, dass die Situation und Stimmung die ganze Zeit sehr freundlich und angenehm waren. Das ganze ist zwar sehr anstrengend und man weiß auch nicht immer sofort die perfekte Antwort. Das ist überhaupt nicht schlimm, solange man seine Gedanken freilegt und sich öffnet. Letztlich will die Kommission einen kennen lernen und sehen, ob man persönlich geeignet ist. Nach diesem Abschnitt wurde ich für ca. 5 Minuten wieder nach draußen gebeten.

Rollenspiel:

Mit wurde schon vorab gesagt, dass der zweite Teil Rollenspiele sein werden. Man gab mir den dringenden Tipp, mich auf diese nicht vorzubereiten und vor allem solche nicht vorab zu lesen. Sollte ich dennoch eins kennen, möge ich bitte sofort Bescheid geben. Ich habe diesen Ratschlag befolgt und mir wirklich keine Rollenspiele durchgelesen. Das würde ich euch wirklich auch ans Herz legen. Die Rollenspiele sind so viel ehrlicher und man bekommt das wirklich hin. Nur Mut und lasst euch einfach auf die Situation ein.

Mir wurde gesagt, ich sei nun Strafrichterin am Amtsgericht und Freitag um 13 Uhr findet eine Sitzung statt, wo ein Sexualstraftäter der Angeklagte ist. Dieser sitzt derzeit in U-Haft und Freitag läuft die 6 Monatsfrist aus. Die Verteidigerin des Angeklagten kommt aus Bremen und kann nur an diesem Termin und zu dieser Uhrzeit erscheinen. Das Problem war jedoch, dass die Protokollantin und der Justizwachtmeister Freitag immer Gleitzeit haben und um 12 Uhr nach Hause gehen. Einer der Kommission spielte also die Protokollantin und der andere den Wachtmeister. Ich schlug vor, einzeln mit beiden zu reden.

Zunächst kam ein Gespräch mit der Protokollantin zustande. Sie schilderte mir, dass sie Freitag auf keinen Fall könne, da ihr Vater einen sehr wichtigen Termin außerhalb der Stadt habe und sie die einzige sei, die in begleiten könne. Ich versuchte zunächst nachzufragen, ob nicht ausnahmsweise doch jemand anderes für sie einspringen könnte. Das verneinte sie aber ausdrücklich und blieb hart. Daraufhin viel mir ein, dass man eine Kollegin fragen könnte, ob diese ausnahmsweise mit ihr tauschen würde und ich würde diese Kollegin auch persönlich ansprechen und ihr die Situation schildern. Damit war die Dame einverstanden.

Dann kam es zu dem Gespräch mit dem Justizwachtmeister. Er sagt, er könne auf keinen Fall am Freitag, da sein Sohn da ein wichtiges Fußballspiel habe und er zudem dringend rasenmähen müsse. Ich versuchte seine Situation durch Aufgreifen seiner Argumente zu verstehen und mit ihm eine Lösung zu entwickeln. Ich schlug ebenfalls ein Gespräch mit einem Kollegen vor und das ich dann persönlich dafür sorgen werde, dass es pünktlich am Freitag losgehe und er es dann bestimmt noch mindestens zur 2. Halbzeit des Spiels schaffen wird. Damit war er einverstanden und das Rollenspiel war vorbei.

Ich wurde nun noch abschließend gebeten, wenn ich möchte, letzte Worte zu sagen, falls mir noch etwas auf dem Herzen liegen würde. Dann wurde ich wieder hinausgebeten. Ein zweites Rollenspiel erfolgte nicht.

» Ergebnisverkündung

Nach ca. 5 Minuten wurde ich wieder reingeholt. Mir wurde das Ergebnis des Interviews verkündet. Sie stellen mich ein. Ich war wirklich super glücklich und habe mich sofort bei allen Beteiligten bedankt. Sie sagten, dass sie mich für geeignet halten würden und ich habe vor allem durch das Rollenspiel meine Ausgleichs- und Kooperationsfähigkeit bewiesen. Sie teilten mir mit, ab wenn es los geht und wo meine erst Station sein wird (Staatsanwaltschaft) und dass ich nun noch ein Führungszeugnis beantragen und zur amtsärztlichen Untersuchung muss.

Dann war es auch schon geschafft. Mein Tipp: bereitet den biographischen Teil etwas vor, sprecht den Lebenslauf vor euch hin bzw. vor Freunden/Familie und ansonsten seid einfach ihr selbst. Auswendig gelernte Antworten will keiner höheren. Ganz viel Erfolg. Das wird werden!!!!

» Fazit / Tipps für zukünftige Bewerber

Ich war gut auf das Gespräch vorbereitet. Wichtig ist es, bei der Vorbereitung sich mit seiner Person und seinem Leben intensiv auseinander zu setzen. Trotzdem muss man unbedingt natürlich bleiben.

Protokoll zur Bewerbung als Richter auf Probe in Brandenburg

» Bewerbungsverfahren

Ich habe mich per Post unter Einsendung der auf der Internetseite aufgelisteten Unterlagen beworben. Im Anschluss an das zweite Examen bewarb ich mich beim OLG Brandenburg um die Einstellung in den richterlichen Dienst. Nachdem ich meine Bewerbungsunterlagen abgeschickt hatte, bekam ich ca. 5 Tage später einen Anruf und man fragte, ob ich in einer Woche zu einem Vorstellungsgespräch kommen könne. Ich bekam dann noch eine schriftliche Einladung, in der z.B. stand, dass ich zum Termin eine Kopie meiner Geburtsurkunde und drei Passbilder mitbringen solle. Des Weiteren waren dem Schreiben zahlreiche Vordrucke angehängt (z.B. eine Erklärung zu Vorstrafen).

» Bewerbungsgespräch

Das Bewerbungsgespräch fand beim Oberlandesgericht in Brandenburg an der Havel statt. In der schriftlichen Einladung wurde darum gebeten, zehn Minuten vor dem Vorstellungsgespräch zu erscheinen.

Insgesamt hatte ich den Eindruck, dass das Gespräch nicht nach einem konkreten Fahrplan verlief, sondern viele Fragen sich aus dem Gespräch heraus entwickelten. Aus diesem Grund kann ich die Reihenfolge der Fragen teilweise nicht mehr exakt wiedergeben.

Da der Abschluss meines zweiten Examens circa einen Monat zurücklag, gratulierte der Gesprächspartner mir zunächst zu meinem Examen. In diesem Zusammenhang fragte er auch, ob ich zufrieden sei. Dann fragte der Gesprächspartner mich, wieso ich mich in Brandenburg beworben habe, schließlich hatte ich beide Examina in NRW abgelegt.

Dann wollte er wissen, wieso ich Richterin werden möchte. In diesem Zusammenhang kamen wir auf die Referendarstation beim Zivilgericht zu sprechen. Der Gesprächspartner fragte mich, ob ich denn dort auch schon Dezernatsarbeit gemacht habe. Dann ging es weiter: Welche Eigenschaften kennzeichnen einen guten Richter? Weisen Sie diese Eigenschaften auf und wenn ja, warum?

Anschließend wurden mir Fragen zu Situationen im beruflichen Alltag des Richters gestellt.

1. Ich bin Richterin am AG und habe einen mietrechtlichen Streit zu entscheiden. Ein Großvermieter klagt gegen einen Mieter wegen der Nachzahlung von Betriebskosten. Ich komme zu dem Ergebnis, dass die Nebenkostenabrechnung fehlerhaft ist und weise die Klage daher ab. Mein Urteil wird anschließend vom Berufungsgericht aufgehoben. Da der Vermieter sich mit noch weiteren Mietern wegen dergleichen Problematik streitet, haben Sie auch diese gleichgelagerten Fälle zu entscheiden. Wie gehen Sie nun mit der abweichenden Entscheidung des Berufungsgerichts um?

2. Sie sind Vorsitzende Richterin am Schöffengericht. Der Angeklagte ist wegen Steuerhinterziehung angeklagt und sie beraten nun mit den Schöffen. Sie sind der Meinung, der Angeklagte müsse verurteilt werden, die Schöffen hingegen meinen, er sei freizusprechen. Wie reagieren Sie? Was tun Sie, wenn die Schöffen äußern, dass sie die Strafvorschrift sowieso unsinnig fänden? Was machen Sie, wenn die beiden Schöffen Sie überstimmen, was schreiben Sie dann ins Urteil rein?

3. Sie sind Richterin in einer Kammer und Freitagnachmittag kommt ein Kollege aus der Kammer zu Ihnen und sagt, er bräuchte dringend in einer Sache die Unterschrift von Ihnen. Worum es in der Sache geht, ist Ihnen unbekannt, da Sie die Akte noch nicht kennen. Was tun Sie, wenn der Kollege die Unterschrift ganz dringend braucht?

Im Anschluss kam die Frage auf, ob ich im Rahmen meines Referendariats schon mal einen Konflikt hatte und wie ich diesen gelöst habe.

Dann fragte der Gesprächspartner noch, wie ich denn meine Freizeit verbringe.

Schließlich ging es noch um die Frage, inwieweit ich hinsichtlich der Einsatzorte flexibel bin, und was ich tun würde, wenn ich z.B. nach Cottbus käme. In diesem Zusammenhang fragte der Personaldezernent mich, ob ich denn so Städte wie Neuruppin oder Cottbus schon kennen würde. Ich verneinte die Frage.

Zum Schluss wurde mir noch die Möglichkeit gegeben, Fragen zu stellen.

Auch wenn an manchen Stellen schon ziemlich nachgebohrt wurde, empfand ich das Gespräch insgesamt als relativ angenehm. Ich hatte nicht das Gefühl, mich in einem Kreuzverhör o.ä. zu befinden.

» *Ergebnisverkündung*

Man teilte mir noch mit, dass man mir in einer Woche Bescheid geben werde, ob man mich beim Richterwahlausschuss vorschlagen werde oder nicht. Ich erhielt schließlich eine Zusage.

Da der Richterwahlausschuss erst wieder Ende Oktober tagt, ist mit einer Einstellung im Dezember bzw. Januar zu rechnen.

» *Fazit / Tipps für zukünftige Bewerber*

Zur Vorbereitung auf das Gespräch habe ich die Protokolle gelesen. Die Protokolle haben mir auf jeden Fall sehr geholfen, um ein Gefühl für die Fragen zu bekommen. Weiter bin ich meinen Lebenslauf durchgegangen und habe mir überlegt, zu welchen Punkten kritische Fragen kommen könnten. Mit der Frage, welche Eigenschaften ein Richter haben soll, ist wohl immer zu rechnen. Da sollte man sich vorher ein paar Gedanken zu machen und auch, warum man die Eigenschaften aufweist.

Protokoll zur Bewerbung als Richter auf Probe in Baden-Württemberg

» *Bewerbungsverfahren*

In BW kann man sich per Post, aber auch per E-Mail bewerben. Eine Liste der für die Bewerbung erforderlichen Unterlagen findet man online. Einzureichen ist u.a. ein Motivationsschreiben.

Ich habe mich per E-Mail beworben und keine Eingangsbestätigung erhalten. Nach ca. 1,5 Wochen kam ein Anruf vom Justizministerium. Die Mitarbeiterin war sehr nett und stellte mir mehrere Termine zur Auswahl, unter denen ich die freie Wahl hatte. Am Telefon wurde mir dann noch gesagt, mit wem das Gespräch stattfinden wird.

Das Vorstellungsgespräch fand dann nochmals knapp 3 Wochen später statt, sodass zwischen Bewerbung und Vorstellungsgespräch etwas mehr als ein Monat lag.

» *Bewerbungsgespräch*

Mein Gespräch fand mittags um 14 Uhr im Justizministerium in Stuttgart statt. Geführt wurde das Gespräch von drei Personalreferenten (Fachgerichtsbarkeit und die beiden für die ordentliche Gerichtsbarkeit).

Nachdem mir Wasser angeboten wurde, schilderte einer der Personalreferenten kurz den geplanten Ablauf des Gesprächs: Zunächst wollte er selbst meinen Lebenslauf zusammenfassen, dann sollte ich selbst etwas von meinem Leben erzählen und meine Motivation für eine Tätigkeit bei der Justiz darlegen. Abschließend sollte es um die aktuelle Stellensituation und etwaige Einsatzmöglichkeiten für mich gehen.

Dieser Ablauf wurde dann auch grob eingehalten. Einer der Personalreferenten schilderte also sehr knapp meinen Lebenslauf und erteilte daraufhin mir das Wort. Ich fing bei meiner Kindheit an und als erste Zwischenfrage kam auf, was für mich in meiner Kindheit prägend war. Als ich erwähnte, bereits in der Schulzeit ein Praktikum bei Gericht absolviert zu haben, kam natürlich die Frage auf, weshalb ich mich bereits so früh für den Beruf des Richters interessierte und woher mein Interesse für die Rechtswissenschaft kam. Wir kamen dann noch kurz auf mein Abitur und die Prüfungsfächer zu sprechen und weiter ging es dann um mein Studium. Hier wurde nach Gründen für meine Uni-Wahl und auch meinen späteren Uni-Wechsel gefragt, wie meine Examensvorbereitung aussah usw. Bezüglich der Examensvorbereitung wurde ich dann noch gefragt, ob ich denn prinzipiell ein Einzelkämpfer sei, da ich mich ohne Rep und auch ohne Lerngruppe vorbereitet hatte.

Genau eingegangen wurde dann auf die einzelnen Ref-Stationen. Hier sollte ich schildern, was mir gefallen bzw. weniger gefallen hat. Nachgefragt wurde auch, warum ich meine Wahlstation nicht bei der Justiz absolviert habe.

Schließlich ging es darum, warum ich zur Justiz möchte, insbesondere in Abgrenzung etwa zum anwaltlichen Beruf. Nach meinen Vorlieben und Gründen hierfür bezüglich der einzelnen Rechtsgebiete wurde auch gefragt.

Anschließend kamen wir auf die aktuelle Stellensituation zu sprechen. Mir wurde mitgeteilt, dass derzeit am Arbeitsgericht keinerlei Stellen zu besetzen seien, jedoch am Verwaltungsgericht großer Bedarf sei. Länger ging es dann noch darum, welche Orte für mich in Frage kommen. Dabei wurde dann auch immer überlegt, was für mich noch pendelbar wäre. Klar gestellt wurde hier, dass man natürlich leichter eine Zusage erhält, wenn man auch bereit ist, in unbeliebtere Bezirke zu gehen. Besprochen wurde dann auch mein möglicher Einstiegstermin.

Insgesamt dauerte das Gespräch ca. 45 min. Die Gesprächsatmosphäre war sehr angenehm. Es gab keinerlei Rollen-Spiele oder Stress-Tests.

» *Ergebnisverkündung*

Wie mir bereits zu Beginn des Gesprächs mitgeteilt wurde, konnte keine direkte Entscheidung fallen. Vielmehr müssen sich die Personalreferenten von „oben" das Ok holen. Mir wurde aber bereits das Merkblatt für den Amtsarzt mitgegeben und gesagt, ich solle nicht „allzu pessimistisch" sein. Die verbindliche Zu- bzw. Absage sollte ich innerhalb von zwei Wochen erhalten.

Nach etwas mehr als einer Woche kam dann die Zusage per E-Mail.

» *Fazit / Tipps für zukünftige Bewerber*

Das Gespräch war wirklich entspannt. Viel vorbereiten muss man sich nicht. Einfach den eigenen Lebenslauf gut kennen und auch Gründe dafür parat haben, warum man bestimmte Entscheidungen in seinem Leben getroffen hat.

Protokoll zur Bewerbung als Richter auf Probe in Schleswig-Holstein

» Bewerbungsverfahren

In Schleswig-Holstein bewirbt man sich schriftlich beim Justizministerium. Ein Online-Verfahren gibt es (noch) nicht. Die Bewerbung ist jederzeit möglich, feste Termine gibt es nicht. Die notwendigen Unterlagen werden auf dem Flyer, welcher auf der Homepage des Ministeriums zum Download zur Verfügung steht, genau beschrieben. Neben den Examina ist auch an verschiedene Einverständniserklärungen zu denken. Informationen zur Bewerberlage gibt es keine.

Dementsprechend habe ich nach meiner mündlichen Prüfung meine Bewerbung per Post abgeschickt. Wenige Tage später erhielt ich per Email eine Eingangsbestätigung. Gut eine Woche später wurde ich dann zu einem Vorstellungsgespräch eingeladen, welches wiederum ca. zwei Wochen später stattfand.

Zur Vorbereitung auf das Gespräch habe ich mich intensiv mit meiner Motivation, warum ich den Richterberuf ergreifen möchte, beschäftigt, mit mehreren Proberichter/innen gesprochen, die Protokolle gelesen, die aktuellen justizpolitischen Themen in der Tagespresse verfolgt und mich nochmal in einige Verhandlungen gesetzt.

» Bewerbungsgespräch

Das Gespräch fand morgens in einem ruhigen Raum im 1. Stock des Justizministeriums statt. Anwesend waren der für die Einstellung von Richtern und Staatsanwälten zuständige Referent, die Gleichstellungsbeauftrage sowie ein Vertreter des Hauptrichterrats. Ich nahm einem ovalen Tisch gegenüber der Kommission Platz und mir wurde ein Glas Wasser angeboten. Dann stellte man mir die Kommissionsmitglieder kurz vor. Der Gesprächsablauf wurde dagegen nicht weiter beschrieben.

Anschließend stiegen wir ins das eigentliche Bewerbungsgespräch ein. Ich sollte einleitend erörtern, warum ich mich für eine Richterstelle in Schleswig-Holstein beworben habe. Hierzu machte ich längere Ausführungen und versuchte dabei auch Beispiele zur näheren Erklärung anzuführen. Anschließend wurde ich gefragt, was einen guten Richter ausmache. Dabei wurden wiederholt kritische Rückfragen gestellt, die sich auch auf meine vorherigen Ausführungen bezogen. Die Fragen wurden -wie auch im weiteren Verlauf des Gesprächs- abwechselnd von allen drei Kommissionsmitgliedern gestellt. Dabei kann der hier bisher beschriebene Eindruck eines "Stressinterviews" nur bestätigt werden - alle drei hakten mehrfach kritisch nach, ich wurde ordentlich "in die Mangel" genommen. Fachliche Fragen wurden hingegen nicht gestellt, mit Ausnahme solcher, die sich direkt auf von mir genannte Beispielsfälle aus dem Referendariat bezogen.

Danach sollte ich in einem kleinen Rollenspiel meinem Obsthändler die richterliche Unabhängigkeit erklären. Es folgen mehrere kleine Fälle zur richterlichen Unabhängigkeit, ähnlich den in den Vorprotokollen bereits beschriebenen. Die Einzelheiten schildere ich hier bewusst nicht, da es meiner Meinung nach keine richtige/falsche Haltung gab. Wichtig war nach meiner Einschätzung vielmehr eine gute Begründung und bei kritischen Nachfragen "standhaft" zu bleiben.

Im Anschluss wurde ich für ca. 10 min zwecks Beratungen hinausgebeten. Danach verkündete man mir, dass nun ein Rollenspiel stattfinden solle. Zwei Mitglieder der Kommission spielten Kläger und Beklagten, ich sollte der Richter sein und die Güteverhandlung führen. In der Sache ging es um den hier bereits mehrfach geschilderten "Darlehens-Fall". Ich begann mit einer kurzen Einführung in den Sach- und Streitstand und versuchte sodann die Parteien zu einem Vergleich zu führen. Die Schwierigkeit bestand hierbei meiner Meinung nach darin, spontan gut auf emotionale Ausbrüche und plötzliche Wendungen zu reagieren. Sachlich-rechtlich war der Fall hingegen einfach gelagert. Sodann wurde mit mir meine Art der Verhandlungsführung besprochen und es folgten einige kritische Nachfragen. Hier festigte sich der Eindruck eines "Stressinterviews" weiter.

Danach wurde ich zwecks Beratungen erneut herausgebeten. Nach etwa 5 Minuten rief man mich wieder herein. Ich wurde nach möglichen Einsatzorten und dem frühesten Eintrittstermin gefragt. Danach hatte ich noch die Gelegenheit, Fragen zu stellen. Insgesamt war dieser Teil sehr kurz, Erläuterungen zum Ablauf der Probezeit gab es nicht.

» Ergebnisverkündung

Am Schluss des Gesprächs teilte man mir mit, dass eine Ergebnisverkündung noch nicht erfolgen könne, da in dieser Runde noch nicht alle Bewerber/innen gehört worden seien. Man werde sich bei mir melden. Im Falle eine Zusage folge noch ein weiteres Gespräch bei der Präsidentin des OLG, was ebenfalls kein Selbstgänger sein soll. Nun warte ich ab....

» Fazit / Tipps für zukünftige Bewerber

Insgesamt empfand ich das Gespräch als sehr "stressig", es wurde ordentlich "Druck" gemacht. Dies ist aber offenbar nicht immer so, wovon es genau abhängt, vermag ich nicht zu sagen. In der Vorbereitung ist es meiner Ansicht nach auf jeden Fall hilfreich, sich genau mit der eigenen Motivation auseinanderzusetzen und eine Güteverhandlung "durchzuspielen".

Abschnitt 5

» Nach dem erfolgreichen Bewerbungsgespräch als Richter bzw. Staatsanwalt

Ist das Vorstellungsgespräch positiv verlaufen, kann es mit dem tatsächlichen Arbeitsbeginn schnell gehen: In der Regel erhält man schon am Tag des Gesprächs, zumindest aber wenige Tage nach dem Gespräch eine Nachricht, **bei welchem Gericht bzw. welcher Staatsanwaltschaft** man eingesetzt werden wird. Und sofern nicht noch Fristen bezüglich der Kündigung des aktuellen Jobs einzuhalten sind, kann man mit einem **Arbeitsbeginn in etwa acht bis zehn Wochen** nach dem Vorstellungsgespräch rechnen.

Zuvor sind ggf. noch weitere – die Bewerbung ergänzende – Unterlagen bei der Personalstelle einzureichen. Hierzu zählt insbesondere die Beantragung eines **polizeilichen Führungszeugnisses** (Belegart „O"). Zudem steht die tatsächliche Einstellung als Richter auf Probe bzw. Staatsanwalt unter der Bedingung des positiven Ergebnisses der amtsärztlichen Untersuchung des Bewerbers.

Amtsärztliche Untersuchung

Das Erfordernis der amtsärztlichen Untersuchung ergibt sich aus *Art. 33 Abs. 2 GG*: Danach sind Ernennungen in den Staatsdienst **nach Eignung, Befähigung und fachlicher Leistung** vorzunehmen. Geeignet in diesem Sinne ist nur, wer dem angestrebten Amt in körperlicher, psychischer und charakterlicher Hinsicht – wegen der beabsichtigten Alimentierung grundsätzlich bis zum Erreichen der Regelaltersgrenze – gewachsen ist.* Ist nach der körperlichen oder psychischen Konstitution eines Bewerbers **die gesundheitliche Eignung nicht gegeben**, kann er unabhängig von seiner fachlichen Eignung nicht als Richter auf Probe bzw. Staatsanwalt

* Das Ergebnis der amtsärztlichen Untersuchung trifft also nicht nur eine Aussage zu aktuell bestehenden Erkrankungen, sondern stellt eine Prognose auf, ob der Bewerber nach Ansicht des Amtsarztes bis zur Pensionierung fähig sein wird, seinen Dienst zu verrichten.

eingestellt werden.* Die Beurteilung der Geeignetheit in diesem Sinne erfordert in aller Regel **besondere medizinische Sachkunde**, über die nur ein Arzt verfügt. Dementsprechend ist vorgesehen, dass die gesundheitliche Eignung aufgrund einer Untersuchung durch einen Amtsarzt festzustellen ist.

Für die Untersuchung zuständig ist der Amtsarzt **am Wohnort des jeweiligen Bewerbers**. Man sollte sich schnellstmöglich um einen Termin kümmern, um Verzögerungen im Hinblick auf die geplante Einstellung zu vermeiden.

Tipp: Kontaktdaten des zuständigen Amtsarztes ermitteln

Der Amtsarzt ist innerhalb der Gesundheitsverwaltung (also in der Regel beim Gesundheitsamt) tätig. Die Kontaktdaten des zuständigen Gesundheitsamts kann man online auf der Seite des Robert Koch-Instituts ermitteln, indem man einfach die Postleitzahl seines Wohnortes eingibt: https://tools.rki.de/PLZTool/

Der Ablauf der amtsärztlichen Untersuchung liegt **im Ermessen des jeweiligen Amtsarztes**, sodass die zu bestehenden Tests und Untersuchungen variieren können. Nach unseren Informationen muss man insbesondere **mit folgenden Untersuchungen** rechnen:

- Vorab: Fragen zu eigenen (und ggf. familiären) Vorerkrankungen sowie zur Einnahme von Medikamenten
- Untersuchung von Urin und / oder Blut
- Wiegen und Ermittlung des BMI
- Körperliche Untersuchung durch Abtasten, Abhören und Abklopfen verschiedener Körperregionen
- Blutdruckmessung

* Vgl. BVerwG, Urteil vom 25.07.2013 – 2 C 12/11, NVwZ 2014, S. 300.

- Ruhe-EKG
- Hör- und Sehtest

Nur für den Fall, dass **Auffälligkeiten** festgestellt werden, erfolgen weitergehende Untersuchungen oder die Überweisung zu einem Facharzt. Möglich ist auch, dass der Amtsarzt die Einstellung in den Justizdienst befürwortet, gleichzeitig aber anordnet, dass regelmäßige Kontrolluntersuchungen stattzufinden haben.

Bewerber haben oftmals regelrecht **Angst vor der amtsärztlichen Untersuchung**. Dies ist zwar nachvollziehbar, wenn man bedenkt, dass vom Ergebnis dieser Untersuchung abhängt, ob man seinen Traumberuf als Richter bzw. Staatsanwalt ausüben darf.* Das Bundesverwaltungsgericht hat aber in einem **Grundsatzurteil aus dem Jahr 2013** entschieden, dass „der Dienstherr die gesundheitliche Eignung aktuell dienstfähiger Bewerber nur verneinen darf, wenn tatsächliche Anhaltspunkte die Annahme rechtfertigen, dass **mit überwiegender Wahrscheinlichkeit** vor Erreichen der gesetzlichen Altersgrenze Dienstunfähigkeit eintreten wird“.** Dies wird nur in absoluten Ausnahmefällen und bei schwerwiegenden Erkrankungen der Fall sein.

---

* Zwar müssen auch zB Lehrer vor der Verbeamtung eine amtsärztliche Untersuchung bestehen. Anders als bei Richtern und Staatsanwälten ist diese aber nicht „alles entscheidend“, da man als Lehrer auch ohne Verbeamtung im öffentlichen-rechtlichen Angestelltenverhältnis tätig werden kann.

** BVerwG, Urteil vom 25.07.2013 – 2 C 12/11, NVwZ 2014, S. 300. Vor diesem Urteil war es möglich, die Einstellung bereits dann zu versagen, „wenn der Eintritt der Dienstunfähigkeit vor Erreichen der gesetzlichen Altersgrenze nicht mit an Sicherheit grenzender Wahrscheinlichkeit ausgeschlossen ist“. Das Regel-Ausnahme-Verhältnis hat sich also bei der Beurteilung von akuten Erkrankungen – zugunsten der Bewerber – umgekehrt.

Wahl der Krankenversicherung

Vor dem eigentlichen Berufsstart in der Justiz muss man sich auch mit dem **Thema der Krankenversicherung** beschäftigen. Grundsätzlich besteht zwar für Richter und Staatsanwälte die Wahl, ob sie sich privat oder freiwillig gesetzlich versichern.* Da Justizjuristen – so wie alle anderen Landesbeamte auch – **beihilfeberechtigt** sind, liegt aber die Entscheidung für eine private Krankenversicherung auf der Hand. Denn man muss sich lediglich für den nicht von der Beihilfe abgedeckten Teil selbst versichern, was den zu zahlenden **Beitrag in der privaten Krankenversicherung deutlich minimiert**; entscheidet man sich dagegen für die gesetzliche Krankenversicherung, verzichtet man auf den Vorteil der Beihilfe, was sich in deutlich höheren Beiträgen niederschlägt.

Da das Thema Krankenversicherung für Viele ein unliebsames Thema ist, zugleich aber nur wenig Zeit bis zum Arbeitsbeginn zur Verfügung steht, haben wir **alle für angehende Richter und Staatsanwälte relevanten Informationen** kompakt auf folgender Seite zusammengestellt:

https://www.krankenversicherung-richter-staatsanwalt.de

Kauf einer passenden Robe

Noch vor Beginn des ersten Arbeitstages muss man sich auch eine **passende Robe** zugelegt haben. Denn in aller Regel wird man bereits in der ersten oder zweiten Woche als Richter bzw. Staatsanwalt die erste Verhandlung vor Gericht führen. Über Google findet man eine Vielzahl von Anbietern in diesem Bereich. Die **Kosten für eine Konfektionsrobe**

* Die Versicherungsfreiheit für Richter und Staatsanwälte ergibt sich aus § 6 Abs. 1 Nr. 2 SGB V.

liegen bei ca. 200 €; für eine maßgeschneiderte Robe muss man mit Kosten in Höhe von ca. 350 € rechnen.

Die ersten Tage bei Gericht

An den ersten Tagen bei Gericht geht es darum, sich **einzufinden und sich bei den Kollegen vorzustellen.** Denn: Je mehr Kollegen man kennt, desto wahrscheinlicher hat man Ansprechpartner für die in den nächsten Wochen und Monaten auftretenden Fragen.

Zwingend vorzustellen hat man sich beim Präsidenten und Vizepräsidenten des jeweiligen Gerichts, bei den Präsidiumsmitgliedern sowie bei den „räumlich nächst gelegenen" Zivilrichtern. Ausreichend Zeit sollte man auch für die **Vorstellung bei den Mitarbeitern der eigenen Serviceeinheit sowie bei den Rechtspflegern** einplanen, mit denen man zukünftig zusammenarbeiten wird.

Als Staatsanwalt wird man nach der Vorstellung bei den genannten Personen auch seinen **„Gegenzeichner" kennenlernen** – einen dienstälteren und erfahrenen Kollegen, der zur Unterstützung zugeordnet und in der Anfangszeit jede Verfügung kontrollieren und abzeichnen wird.*

Nach dem Einfinden geht es darum, den **eigenen Arbeitsplatz einzurichten**. Insbesondere müssen sämtliche Datenbank-Zugänge für Recherchen und Formulare geschaffen werden, ohne die ein effektives Arbeiten nicht möglich ist. Gleichzeitig muss man sich – ggf. mit dem Dezernatsvorgänger – einen Überblick über die laufenden Verfahren im Dezernat verschaffen. Anschließend kann die **Bearbeitung der Akten** beginnen.

Buch- und Lesetipps für die Vorbereitung auf die Dezernatsarbeit

Im Netz findet man via Google hilfreiche Skripte, die den Berufseinstieg für Jung-Richter und -Staatsanwälte erleichtern sollen. Dazu zählen die „Assessorenmappe" (DRB Hessen) sowie das Skript „Aller Anfang ist schwer" (DRB NRW).

Daneben werden folgende Bücher oftmals für den Berufseinstieg empfohlen:

» Schober, Zivilrichter-Leitfaden (derzeit 3. Auflage 2019)

» Theimer, Mustertexte zum Zivilverfahren Band I (derzeit 10. Auflage 2020)

» Heghmanns/Herrmann, Das Arbeitsgebiet des Staatsanwalts (derzeit 6. Auflage 2021)

* In der Regel erhält man nach ca. drei Monaten das sogenannte „kleine Zeichnungsrecht". Dann werden nur noch Anklagen zur großen Strafkammer sowie Einstellungsverfügungen kontrolliert.

Ablauf der Probezeit

Die Probezeit selbst ist gemäß *§ 10 Abs. 1 DRiG* auf **drei Jahre** angelegt. In der Praxis dauert die Erprobung aber regelmäßig länger als die genannten drei Jahre. **Spätestens nach fünf Jahren** hat man aber einen Anspruch auf die Ernennung zum Richter auf Lebenszeit bzw. Staatsanwalt (*vgl. § 12 Abs. 2 DRiG*).

Je nach Bundesland ist es zum Teil vorgesehen, dass Berufsanfänger eine **Entlastung auf ihr Arbeitspensum** erhalten und zB nur drei Viertel des normalen Pensums zu bearbeiten haben.

» *Dezernatswechsel und Abordnungen*

Während der Probezeit muss man mit **Dezernatswechseln rechnen**, die nicht selten auch kurzfristig erfolgen können. Im Rahmen der amtsgerichtlichen Station bearbeiten die Berufsanfänger in der Regel neben Zivilsachen auch Straf- und Bußgeldsachen, Familiensachen oder Angelegenheiten der freiwilligen Gerichtsbarkeit.

Schon während der Probezeit besteht zudem in vielen Ländern die Möglichkeit, durch eine Abordnung **andere Bereiche der Justiz kennenzulernen**: So sind beispielsweise die Abordnung in die Verwaltung des Oberlandesgerichts sowie die Tätigkeit als Klausurreferent beim Landesjustizprüfungsamt denkbar.

» *Einführungsveranstaltungen und Fortbildungen*

Für junge Richter und Staatsanwälte gibt es in allen Bundesländern **spezielle Veranstaltungen**, die den Berufseinstieg erleichtern sollen. So finden zB in Nordrhein-Westfalen erste **„Crash-Kurse"** zum Teil bereits in den Wochen vor dem eigentlichen Dienstantritt statt. Inhaltlich werden in diesen Crash-Kursen Tipps zu den erforderlichen Vorbereitungen vor Dienstantritt und zur Arbeitsorganisation gegeben. Zudem erfolgt in diesen Veranstaltungen eine Einführung in die bei den Gerichten genutzten **IT-Fachanwendungen**.

Auf Bundesebene veranstaltet die **Deutsche Richterakademie** mit den Tagungsstätten Trier und Wustrau spezielle Fortbildungen für Richter und Staatsanwälte. Das aktuelle Tagungs- und Veranstaltungsprogramm der Akademie ist online einsehbar. Solche Tagungen sind neben der inhaltlichen Fortbildung auch perfekt zur **Netzwerkbildung mit Proberichtern anderer Länder** geeignet.

Unabhängig von diesen auf junge Richter und Staatsanwälte zugeschnittenen Veranstaltungen **besteht auch gesetzlich die Pflicht** eines jeden Justizjuristen, sich regelmäßig fortzubilden. Die Rechtsgrundlage dieser Pflicht findet sich in den Landesrichtergesetzen.

» Dienstliche Beurteilungen

Ein wichtiger Teil der Probezeit sind auch die **regelmäßigen Beurteilungen der Justizjuristen**. Trotz der grundsätzlich geltenden richterlichen Unabhängigkeit sind dienstliche Beurteilungen zulässig und geboten, um Personalentscheidungen zu treffen und das Leistungsprinzip zu verwirklichen. In Hamburg beispielsweise ist jeder Richter auf Probe ist während der Probezeit **mindestens dreimal zu beurteilen**, und zwar:

- nach 9 Monaten,
- sodann zum Stationenwechsel,
- nach 18 Monaten, sofern bis dahin kein Stationenwechsel erfolgt ist oder sofern in der vorausgegangenen Beurteilung eine Empfehlung zur Erstellung einer weiteren Beurteilung nach 18 Monaten gegeben wurde,

- 6 Monate vor Ablauf der Probezeit, sofern bis dahin im Hinblick auf die Regelungen zu Ziff. 1-3 weniger als 3 Beurteilungen erstellt worden sind oder sofern in der vorausgegangenen Beurteilung eine Empfehlung zur Erstellung einer weiteren Beurteilung 6 Monate vor Ablauf der Probezeit gegeben wurde.

Es werden jeweils Eignung, Befähigung und fachliche Leistungen der Richter beurteilt. Faktisch wird also im Rahmen der Beurteilung überprüft, **inwieweit die Befähigung und Leistung des Proberichters** den Vorgaben aus dem Anforderungsprofil entsprechen.

» Entlassung aus dem Proberichterdienst

Der Vollständigkeit halber möchten wir auch auf die – in der Praxis sehr selten vorkommende – **Möglichkeit der Entlassung aus dem Proberichterverhältnis** hinweisen. Zur Gewährleistung der richterlichen Unabhängigkeit gilt zwar, dass eine Entlassung aus dem richterlichen Dienstverhältnis **gegen den Willen eines Richters** grundsätzlich nur durch einen **Richterspruch** möglich ist (*§ 21 Abs. 3 DRiG*).* Abweichend von diesem Grundsatz sind aber Entlassungen von Proberichtern unter deutlich geringeren Voraussetzungen zulässig:

- Zum Ablauf des sechsten, zwölften, achtzehnten oder vierundzwanzigsten Monats ist die Entlassung eines Proberichters **bei jeglichem Grund** möglich (*§ 22 Abs. 1 DRiG*). Ausreichend sind zB fachliche Defizite, mangelndes Einfühlungsvermögen, ein ge-

* Nach § 24 DRiG zählt hierzu zB auch die rechtskräftige Verurteilung eines Richters zu einer Freiheitsstrafe von mindestens einem Jahr wegen einer vorsätzlichen Tat.

ringerer Nachwuchsbedarf als ursprünglich angenommen oder die Veränderung der Gerichtsorganisation.*

- Zum Ablauf des dritten oder vierten Jahres kann ein Richter auf Probe entlassen werden, wenn er für das Richteramt **nicht geeignet** ist. Eine fehlende fachliche Eignung kann sich aus den bisherigen dienstlichen Beurteilungen ergeben; aus schwerwiegenden gesundheitlichen Problemen kann eine fehlende persönliche Eignung des Proberichters resultieren.**
- Ansonsten ist die Entlassung eines Proberichters **nur aus disziplinarischen Gründen** möglich.

Interessenvertretungen der Richter und Staatsanwälte

Gleich **zu Anfang der Karriere in der Justiz** sollte man sich auch überlegen, sich einer Interessenvertretung von Richtern und Staatsanwälten anzuschließen. Möglich ist der Beitritt in den jeweiligen Landesverband **des Deutschen Richterbundes oder der Neuen Richtervereinigung**:

DRB - Bund der Richter und Staatsanwälte
mit 25 Mitgliedsverbänden
Haus des Rechts
Kronenstraße 73
10117 Berlin
www.drb.de
Tel.: 030/206125-0
E-Mail: info@drb.de

---

* *Schmidt-Räntsch*, § 22, Rn. 8.

** *Schmidt-Räntsch* nennt als Beispiele hierfür das Leiten einer Verhandlung mit Alkoholfahne oder die absolut fehlende Teamfähigkeit eines Proberichters, vgl. § 22, Rn. 10.

Neue Richtervereinigung e.V
mit 12 Landesverbänden
Greifswalder Straße 4
10405 Berlin
www.neuerichter.de
Tel.: 030/4202 2349
E-Mail: bb@neuerichter.de

Beide Vereinigungen setzen sich in der Politik – und in den Medien – für die **Belange aller Richter und Staatsanwälte** ein. Zudem bieten die Verbände gerade auch für Berufseinsteiger viele interessante Seminare und Veranstaltungen an. So organisiert beispielsweise der Deutsche Richterbund zwei Mal jährlich ein **Jungrichterseminar**, um „jungen Kollegen aller Gerichtsbarkeiten und aller Bundesländer die Möglichkeit zum Austausch und Blick über den eigenen Dezernats-Tellerrand zu geben".* Die Veranstaltungen der Richterverbände eignen sich hervorragend dazu, sich innerhalb der Justiz ein Netzwerk aufzubauen.

Interview mit einem Proberichter

Kannst Du Dich bitte kurz vorstellen:

Mein Name ist Thomas**, ich bin 29 Jahre alt und seit ca. einem Jahr als Proberichter tätig. Nach meinem Studium in Süddeutschland bin ich zum Referendariat nach Nordrhein-Westfalen gekommen. Und nach dem bestandenen 2. Examen habe ich mich als Richter auf Probe beworben.

* Vgl. Bericht zum Jungrichterseminar Oktober 2017, rista 2/2018, S. 12 f.

** Der Proberichter hat uns gebeten, das Interview anonymisiert zu veröffentlichen. Diesem Wunsch sind wir nachgekommen und haben den Vornamen geändert.

Wie lief Dein erster Tag als Proberichter bei Gericht ab?

Der erste Tag war natürlich schon sehr aufregend. Morgens meldete ich mich zunächst bei der Personaldezernentin des Landgerichts. Danach stellte ich mich beim Präsidenten des Gerichts vor und erhielt meine Ernennungsurkunde. Der Präsident zeigte mir das Gericht und stellte mir den Vorsitzenden Richter der Kammer vor, der ich zugeteilt wurde. Anschließend ging es darum, den Arbeitsplatz einzurichten. Der erste Tag bestand rückblickend vor allem daraus, einige organisatorische Dinge abzuarbeiten und viele Kollegen kennenzulernen.

Wie schwierig war der Sprung ins kalte Wasser, was die Dezernatsarbeit angeht? Wie bist Du am Anfang mit den Fragen umgegangen, die sich Dir bei der täglichen Arbeit gestellt haben?

Ursprünglich hatte ich mir vorgenommen, die meisten Akten – mutig – selbst zu bearbeiten sowie die nächsten Schritte zu verfügen und nur bei schwierigen Fragen die Kollegen zu fragen. Soviel zur Theorie. Praktisch ist man gerade in den ersten Tagen der Dezernatsarbeit bei nahezu jeder Akte unsicher, was zu verfügen ist. Es lief daher eher so ab, dass ich mir zu jeder Akte meine Gedanken gemacht und notiert habe. Am Nachmittag habe ich mit dem Kammervorsitzenden alle Akten besprochen. Durch die Besprechungen der Akten hat man in den ersten Tagen etwas Sicherheit bei der täglichen Dezernatsarbeit bekommen. So wurde man relativ schnell selbstständiger, was die Aktenbearbeitung angeht.

Anfangs ist es schon unangenehm, zum x-ten Mal beim Kollegen im Nachbarbüro zu klopfen und seine Fragen zu stellen. Aber jeder der Richterkollegen und insbesondere auch der Vorsitzende Richter meiner Kammer haben sich bei Fragen viel Zeit für mich genommen. Ich hatte zu keinem Zeitpunkt das Gefühl, dass die Fragerei von den Kollegen als lästig empfunden wurde; vielmehr wurde mir jede Frage beantwortet und ich wurde eher aufgefordert, ruhig bei weiteren Fragen wiederzukommen.

Wie hoch war in den ersten Wochen die Arbeitsbelastung?

In den ersten Wochen war die Arbeitsbelastung schon enorm. Ich bin morgens um 8.00 Uhr ins Gericht gegangen und war selten vor 19.00 Uhr wieder zu Hause. Zudem habe ich anfangs auch durchaus mal die Wochenenden dazu genutzt, die Akten meines Dezernats zu bearbeiten. Sowohl bei anderen Proberichtern als auch bei mir haben sich die Arbeitszeiten nach ca. drei Monaten normalisiert. Arbeitstage bis 19.00 Uhr bzw. Wochenendarbeit kommen zwar mal vor. Inzwischen ist die 40-Stunden-Woche bei mir eher die Regel als die Ausnahme.

Wie lief bislang Deine Probezeit ab? Kam es bei Dir bereits zu einem Dezernats-/Ortswechsel? Falls ja: Wie kurzfristig war dieser angekündigt?

Nach einem halben Jahr am Landgericht bin ich an das Amtsgericht (am selben Ort) gewechselt. Der Wechsel wurde mir sehr zeitig (ich glaube etwa acht Wochen zuvor) angekündigt. Derzeit bin ich weiterhin mit zivilrechtlichen Fällen beschäftigt. Mir wurde aber bereits in Aussicht gestellt, dass ich demnächst möglicherweise ein strafrechtliches Dezernat übernehmen soll. Konkret ist dieser Wechsel aber noch nicht kommuniziert worden.

Würdest Du Dich - Stand jetzt - wieder für den Beruf als Richter auf Probe entscheiden?

Auf jeden Fall! Auch wenn die Arbeitsbelastung in den ersten Wochen hoch war, haben sich meine Erwartungen an den Richterberuf vollkommen erfüllt.

Vielen Dank für die Beantwortung der Fragen!